Literaturverlag Josefine Rosalski, Berlin 2024

Charlotte Ueckert

Berühmte Frauen der 50er und 60er Jahre

Schicksale, Erfolge, Karrieren, Vorbilder

edition ♦ karo, Literaturverlag Josefine Rosalski

INHALT

Zuvor

Wer jung war, Ende der Sechziger Jahre des letzten Jahrhunderts, wie ich, hat im Rückblick eine aufregende Zeit der Veränderungen mitgemacht, vor allem, was die Rolle der Frau in der Gesellschaft betrifft.

Nach dem Zeitalter der öffentlichen und privaten Telefonanschlüsse und des Fernsehens sind wir heute bei Handys, Computern, Künstlicher Intelligenz und zu jeder Zeit verfügbaren Streamingdiensten angelangt. Und in den sozialen Netzwerken des Internets versucht fast jeder zum Star werden.

Damals, am Anfang der Sechziger, war für mich die prägende Zeit der Filmstars. Sie weckten mich aus dem Spießertum der Fünfziger, in denen ein junges Mädchen überhaupt nicht wusste, was aus ihm einmal werden sollte. Festgelegt war nur, dass sie einmal einen Mann lieben wollte. Wie ihr Leben dann ablaufen sollte, war völlig unbekannt, aber sie hielt Ausschau nach einem Modell. Selten dem einer Hausfrau, wie es die Mutter war, eher dem einer tragisch Liebenden. Natürlich möglichst mit einem Happyend. Die Kriegsgeneration hätte dazu viele Anschauungsbilder liefern können, manche sogar mit Happyend. Aber der Blick zurück war damals nicht gewünscht, zu viele Schrecknisse drohten und Eltern waren sowieso nur dazu da, sich von ihnen abzusetzen, alles anders zu machen als sie es konnten und wollten. Viel mehr als heute bestimmte die Kirche das Leben der Menschen.

Der strenge Gott der Fünfziger hatte darauf geachtet, dass Kirchgänge nur mit schlechtem Gewissen versäumt wurden. Die andere Welt, jenseits von Pflicht, verkörperten Zeitschriften, Radio und Kino. Dort wollte das junge Mädchen lernen, wie Frauen sich zu verhalten haben und es hat sich manches davon gemerkt.

Anfang der Sechziger konnten Frauen in Deutschland, Europa, vielleicht auch sogar in den USA noch ihre ganz persönliche Emanzipation üben, ohne feministische Vorschriften. Trotz gesellschaftlicher Zwänge sich verlieben, Geheimnisse haben, Karriereträume pflegen. Aber manche von uns erwischte kurz nach dem Abitur eine Ehe, weil sich die Pille noch nicht über das Hörensagen hinweg durchgesetzt hatte.

Plötzlich war das Mädchen, das von Karriere, Dramen, Originalität geträumt hatte, Ehefrau und Mutter, gefangen in einer Zwei-Zimmer-Wohnung in abhängiger Liebe zu Mann und Kind.

Die Studentenbewegung, die so vieles veränderte, bekam sie nur indirekt durch den Ehemann mit. Freie Liebe wurde diskutiert, das klang nach Verlust. Bildung für alle, dabei war sie doch stolz gewesen auf das Bildungsbürgertum, dem sie entstammte. Für Gerechtigkeit war sie natürlich auch. Die Forderung, dass es allen Menschen gleich gut gehen sollte, konnte sie voll unterstützen. Allen Ernstes vertrat sie die Position, dass Putzfrau und Schuldirektor gleich bezahlt werden sollten, besonders da der Direktor seine qualifizierte Arbeit ja viel lieber machte als die Frau, die Böden schrubbte.

Immerhin bewirkte der gesellschaftliche Aufbruch, dass sie sich trotz Ehemann, Kind und Haushalt weiter ausbildete, später studierte. Den Pferdeschwanz und Bardot-Schmollmund gewöhnte sie sich ab und machte sich auf den Emanzipationsweg. Manche der hier beschriebenen Frauen aus einer Generation, die weder Mütter noch Schwestern für sie und ihre Freundinnen sein konnten und deshalb weniger von Vorbehalten belastet waren, wurde dabei zeitweilig zum bewunderten Vorbild.

Die vorliegende Arbeit entfaltete sich erst allmählich zu der Sammlung von Frauenschicksalen, die sie jetzt ist. Zunächst war es vor allem die Künstlerin Niki de Saint Phalle, die mich interessierte. Erst als mir klar wurde, dass sie in einer Zeit sensationelle Erfolge hatte, in der sie sich genau von der Rolle befreite, in der ich mich damals gefangen fühlte, erwachte mein Interesse für andere Frauen, die in dieser Zeit vor der Emanzipationswelle, die schließlich auch mich mit sich zog, eigenständig ihren Weg gingen. Im Mittelpunkt jedoch blieb die Person Niki de Saint Phalles, die mich in ihren Bann zog, vor allem durch ihre einzigartige Leistung, verbunden mit großer Authentizität.

Sehr unterschiedliche Frauenvorbilder gab es für diese Zeiten: sowohl des Erfolgs als auch des Scheiterns. Beides besaß Faszination. Das Leben mit ungewissem Ausgang lag vor mir.

Die Leistung bestimmter Künstlerinnen konnte Frauen anspornen, die Unglücksgeschichten der Prominenten wie von Soraya oder auch Prinzessin Margret mit ihrer vergeblichen Liebe unser Mitgefühl anfachen, auch: Sieh mal, selbst diese Leute sind von Schicksalsschlägen nicht verschont. Weiblichkeit als Kraft und Verhängnis – beide Bilder sind bis heute nicht überholt.

Meiner Meinung nach waren die Sechziger Jahre eine der größten Umbruchzeiten in der zweiten Hälfte des vorigen Jahrhunderts. Viel beschworen das Jahr 1968, das auf das soziale und moralische Leben der gesamten westlichen Hemisphäre einschneidende Auswirkungen hatte. Nicht nur die Kriegsvergangenheit wurde neu aufgedeckt und versucht zu bewältigen. Nicht nur der Riss zwischen den Generationen sichtbar gemacht. Das Jahr '68 hatte vor allem Auswirkungen auf das individuelle Leben und seine moralischen Ansprüche. Es schien ein gewaltiger Umbruch. Heute wird deutlich, was sich alles nicht geändert hat. Trotz Pille, Sexualaufklärung und Eherecht. Trotz sozialem Aufstieg kleinbürgerlicher Schichten blieb als ungelöstes Hauptproblem das Bildungsdebakel, verstärkt durch die Auswirkungen der Migration. Trotz Frauenbefreiung und Frauenkarrieren blieb ein soziales Gefälle zwischen den Geschlechtern. Auch wenn jetzt alleinerziehende Mütter allgemein akzeptiert werden – das Wort »unehelich« ist verschwunden – deren Lage ist schwierig geblieben. Auch wenn neue Kategorien wie Diversität, Rassismus und Transgender die von damals bis heute noch nicht bewältigten Probleme der Emanzipation von Frauen in den Hintergrund schieben. Denn wie selbstbestimmt Frauen sich heute für ein eigenes Leben entscheiden können, bleibt fraglich. Sie müssen »Superwomen« sein, dabei immer unter dem Druck, wie sie von außen gesehen und bewertet werden. Immer noch werden Frauen vor allem nach ihrem Äußeren beurteilt, daran verdienen eine Vielzahl von sogenannten Influenzerinnen, also Geschlechtsgenossinnen, mit Tipps fürs Aussehen. Und dann klagen die älteren Frauen, die sich ihr Leben lang niemals vom männlichen Blick befreit haben, darüber, dass sie ab einem gewissen Alter unsichtbar werden.

In einem Augenblick, in dem die Euphorie der Veränderung verflogen ist, tut es gut, den Blick auf die Zeit vor '68 zu werfen. Und Mut zu schöpfen aus den Widerständen, die in Kunst, Traum und Glamour Fluchtwege, allerdings auch Bewältigung bieten. Davon handelt dieses Buch.

Die Sechziger sind nicht denkbar ohne die Fünfziger. Deshalb enthält dieses Buch Betrachtungen über Frauen, die ihre Karriere überwiegend in den Fünfziger begannen und den Höhepunkt in den Sechzigern, vor '68, erlebten. Natürlich wird auch ihr weiterer Lebensweg verfolgt: Eine Generation von Frauen, die Beschränkungen aufgrund ihres Geschlechts zwar erleben musste, dennoch triumphal überwand und uns mit ihren Erfolgen über alles, was wir, die Nachgeborenen, wollten und nicht erreichten, hinweggezaubert hat. Nichts braucht die Wirklichkeit mehr als den Zauber der Schönheit. Nicht als Tünche, sondern als Utopie. Denn es hat sich etwas für die Frauen in Europa und Amerika verändert, trotz, nicht unbedingt wegen der schönen Leitbilder, die vor der Frauenbewegung Erfolg symbolisierten. Heute spielen Frauen selbstverständlich eine größere Rolle im gesellschaftlichen Leben, wirtschaftlich, politisch und kulturell.

Frauen als Ministerpräsidentinnen, Außenministerinnen, Bankmanagerinnen und Professorinnen sind immer noch in der Minderzahl im Vergleich zum männlichen Bevölkerungsanteil, trotzdem: Es gibt sie. Und daneben dürfen sich die »ewigen Weibchen« freizügiger denn je tummeln. Zwei Projektionsbilder, die sich vereinen, Blaustrumpf und Femme fatale. Bis in die sechziger Jahre des 20. Jahrhunderts hinein herrschte im gesamten europäischen Raum ein Frauenbild vor, das sich nur wenig von dem unterscheidet, für das muslimische Bevölkerungsgruppen gescholten werden. Die jungen Mädchen hatten ihre Jungfräulichkeit zu bewahren und die Frauen den Männern zu gehorchen. Selbst Ereignisse wie der zweite Weltkrieg, der die Psyche der Individuen genauso durcheinanderbrachte wie die der Völker, änderten nicht viel, auch nicht die Aufbaujahre danach, in denen Frauen einen entscheidenden Anteil am wirtschaftlichen Aufschwung hatten. Sobald ein Mann auftauchte, der im Geschäftsleben den Platz einer Frau einnehmen konnte, musste sie den Bürosessel oder Fließbandplatz räumen. Mädchen wurde eine Berufsausbildung oder ein Studium gestattet, damit sie einen Mann finden oder, sollte der dann plötzlich sterben oder sie verlassen, sie fähig waren, sich und ihre Kinder selbst zu versorgen.

Inzwischen hat sich das geändert. Das Zauberwort dazu ist das Jahr 1968, das ist jedoch nur eine Zahl auf einem langen Weg. Noch immer gibt es Klageschriften über die mangelnde Beteiligung der Frauen am öffentlichen Leben sowie über die fehlenden Aufstiegschancen in höhere Berufe. Frauen waren lange als Hochschullehrerinnen, Managerinnen, Aufsichtsrätinnen, Programmdirektorinnen, Chefredakteurinnen, Schulleiterinnen eine Ausnahmeerscheinung. Dies hat sich tatsächlich inzwischen ver- und geändert. Wie selbstverständlich heute Frauen in einflussreichen Positionen im Fernsehen prominente Politiker interviewen, zeigt, was inzwischen geschehen ist, wenn auch nicht in dem Maße, in dem es sich der kämpferische Feminismus gewünscht hätte. Dieser wird heute sogar kritisch hinterfragt: »Was wirklich erreicht wurde, ist auch nach Einschätzung vieler heutiger Frauenpolitikerinnen und Frauenforscherinnen viel zu wenig, und selbst das Wenige, so klagt man weiter, wird vom Nachwuchs nicht gewürdigt. Die hart erkämpften Fortschritte sind ihm selbstverständlich, und statt die Fackel weiter zu tragen, bleibt er weg und aus. So ist die Frauenbewegung nicht nur zahlenmäßig fast gegen Null geschrumpft, sie ist auch buchstäblich in die Wechseljahre gekommen, ohne die Töchter nachgezogen zu haben«, schreibt Katharina Rutschky 1999 in ihrem Essay *Emma und ihre Schwestern*. Deren Töchter, die heute dreißig Jahre später wieder sehr sexy aussehen, in durchsichtigen Fummeln laufen und nie das Augen-Make-up vergessen, scheinen sich mehr am Frauenbild vor 1968 zu orientieren. Doch auch in den Zeiten der Restauration vor '68 gab es unerschrockene Frauen, die sich um Konventionen nicht scherten und als solche vielleicht ein besseres weibliches Vorbild sind als die Latzhosengeneration danach. Frauen, die sich durch ihre Kreativität befreiten und andere bezauberten, wie Niki de Saint Phalle, von frechen Frauen in Film, Literatur oder Mode wie Francoise Sagan oder Liselotte Pulver und Mary Quandt, Erfinderin der Mini-Röcke, von tragischen Opfern, für die Massen Partei ergriffen, ebenso angezogen durch Neid wie Mitleid. Frauen wie Prinzessin

Soraya, die durch die Emotionen, die sie in Millionen Menschen auslöste, deutlich machten, wie Lieschen Müller es auf keinen Fall haben wollte: verstoßen wegen Kinderlosigkeit in die Sinnlosigkeit eines süßen Lebens. Und dennoch beneidet um die Freiheit und Wohlhabenheit nach der Ehe. Soraya hat, wie kaum eine andere Frau, die Gemüter in den frühen Sechzigern beschäftigt: Eine Frau zwischen zwei Welten, von den Deutschen wegen ihrer mütterlichen Herkunft als eine der ihren angesehen, geliebt wegen ihrer exotischen Schönheit, die sie als Orientalin auswies. Eine stolze Frau, selbst im größten Leid perfekt geschminkt, so wollte man sie sehen, so zeigte sie sich. Wie Maria Callas und anderen, von denen dieses Buch handeln wird, ein Star. Es gibt Fotos der andere, die ihr ähneln: 1965 ließ sich Niki de Saint Phalle ebenso geschminkt fotografieren und ebenso in dezente Trauer gehüllt, während Bilder der Sagan ein überlegenes Lächeln darboten, das wie das burschenhafte Gelächter der Liselotte Pulver dieselbe Geste des Sich-Über-Alles-Hinwegsetzens zeigte. Etwas färbte ab auf unsere neue Frauengeneration: Wir wollten uns nicht mehr entscheiden müssen zwischen Mamma oder Femme fatale, zwischen Gretchen oder Helena, sondern orientierten uns an den Stars, die sich nach unserem Verständnis alle Träume von Selbstständigkeit erfüllt hatten. Die Rollen, die uns eine Vorstufe der Frauenemanzipation Ende der Fünfziger, Anfang der Sechziger bot, waren differenziert: die Intellektuelle, die traurige Schöne, die Burschikose, die Künstlerin. Dennoch immer eigenständige Persönlichkeiten.

Äußerlich konservativ dagegen die ältere, intellektuell bedeutendere Frauengeneration, Simone de Beauvoir oder Marion Gräfin Dönhoff, geistige Maßstäbe setzend. Daran orientierte sich die neue Frauengeneration erst später, als das eigene Bewusstsein sich vom Lidstrich ägyptischer Königinnen unabhängig machte, um mit geistigen Waffen gegen das Gefühl, zweitklassig zu sein, zu revoltieren. Frau zu bleiben und sich gegen männliches Establishment durchzusetzen, wie es der Theologin Dorothee Sölle gelungen ist, das war unser Ziel. Ein Reigen von Frauen, ohne die unser Leben vielleicht anders verlaufen wäre, soll hier beispielhaft aneinandergereiht werden.

Dabei ist meine Fragestellung nicht »Wie weit haben es Frauen inzwischen gebracht?«, sondern eher: »Haben sie es wirklich weit gebracht?«

Mit allen Frauen, die in diesem Buch versammelt sind, habe ich mich im Laufe meines Lebens beschäftigt. Sei es, dass ich ihre Bücher gelesen habe, ihre Filme gesehen oder von ihnen und ihrem Erfolg gehört habe.

Die Auswahl ist persönlich und auch zufällig. Man könnte viele, viele Namen hinzufügen.

Mich fasziniert, wie viel Erfolg Frauen bereits vor der Achtundsechziger-Bewegung hatten. Entweder durch glamouröses Verhalten, ihre Berühmtheit oder durch ihre Fähigkeiten und künstlerischen oder intellektuellen Werke.

Die wichtigste Frage muss sich allerdings jede Leserin, jeder Leser selbst beantworten: Haben sie wirklich etwas verändert in der Art wie sich Frauen nach außen darstellen?

Worum es damals einer jungen Frau wie mir, Ende der Sechziger, ging? Um die Entscheidung Liebe oder Berufung. Dabei war beides gleich wichtig.

Die Studentenbewegung, die so vieles veränderte, auch in meinem Leben, bekam ich nur indirekt durch den Ehemann mit. Die freie Liebe, die diskutiert wurde, klang mir damals nach Verlust.

Charlotte Ueckert

Aus dem Tagebuch einer Studentenfrau

Sonnabend, 15.2.1968

Nun muss ich endlich mal von den letzten Wochen schreiben, da so viel passiert ist, wird das wohl ein chronologischer Bericht, wo ich doch lieber alle meine Gefühle ausführlich geschildert hätte.

Große Unruhe an der Uni. Besetzung des Philosophenturms durch Studenten am Donnerstag vor zwei Wochen. Max hatte an dem Abend gerade Vorstellung – ein Glück, dass er immer noch diesen Job am Theater hat. Ende ist gegen elf Uhr abends und er ist immer eine Viertelstunde später da. Diesmal kam er wegen der Ereignisse auf die Idee, im Institut vorbeizuschauen. Der Gedanke, mich anzurufen sei ihm zwar gekommen, sagte er, hätte ihn allerdings als unwichtig abgeschoben. Gegen ein Uhr, nachdem ich mich sogar schon bei der Polizei nach einem eventuellen Unfall erkundigt hatte, kam er, erstaunt, dass ich noch nicht im Bett war, sondern am Fenster stand. So wenig kennt er mich, so wenig macht er sich um mich Gedanken.

Am nächsten Abend besuchten wir Klaus und dessen Frau, die gerade eine Sozialwohnung im 13. Stock bezogen haben. In Billstedt, nicht gerade Studentenviertel. Den Ehering, den Max am Abend vorher nach der Vorstellung vergessen hatte wieder aufzusetzen, was ihm noch nie vorher passiert ist, trägt er trotz meiner Bemerkungen bis heute nicht. Ich messe dem zu viel Bedeutung bei, sagte er. Nun gut, so trage ich meinen auch nicht mehr. Wenn man drei Jahre einen Ring getragen hat, sollte man ihn doch nicht nur einer Laune wegen weglassen. Ist das ein Symptom?

Für den nächsten Abend, Sonnabend, waren wir bei Karin zu einer Party eingeladen. Sie wurde arrangiert und bezahlt von einem *Spiegel*-Fotografen, der Studentenleben einfangen wollte. Bei greller Beleuchtung wurde Ekstase gemimt, ein Junge begann einen Striptease, lächerlich, und umso lächerlicher, weil er bei der Unterhose haltmachte. Im Nebenzimmer wurde Haschisch verbrannt und geraucht. Ich geriet durch Zufall dorthin, ging jedoch bald wieder, weil der ungewohnte süßlich-würzige Duft mir Kopfschmerzen verursachte.

Im nächsten Zimmer liefen Pornofilme. Peinlich, peinlich. Es gab also keine Ruhe. Dazu kam, dass Max durch die Ereignisse an der Uni seine Arbeit für das Vordiplom völlig vernachlässigte, jetzt erst, etwa drei Wochen später, beginnt er unlustig, weiterzuarbeiten. Streits, Streits, Spiel mit meinen Nerven. Es gibt wohl wenig außer dem Kind, was uns verbindet.

Max war die meiste Zeit bei Teach-ins, auf Demonstrationen und Vollversammlungen. Sogar die Polizei wurde eingeschaltet, der gesamte Philosophenturm abgesperrt. Ereignisse, die ich ebenfalls empörend finde, wenn sie mich auch nicht unmittelbar betreffen. Meine Gedanken kreisen immer wieder um unsere Ehe und das, was mich in Zukunft erwartet. Mir hat mal einer gesagt, es sei wichtig, dass der Mann immer mehr liebt als die Frau, das ist nun bei uns bestimmt nicht so. Weshalb? fragte ich und bekam als Antwort: Weil der Mann zwar die Frau mehr braucht, sie ihn aber wieder für ihr Kind braucht. Wenn da nicht mehr Liebe von seiner Seite ist, hält sie ihn nicht. Völlig fertig wartete ich abends auf Max. Ich hasse den Zustand des Wartens, das war schon immer so. Ich sehe ein, dass es eine Schwäche ist. Trotzdem, wenn die Schwächen eines Menschen durch die Missachtung eines anderen ins Ungeheuerliche wachsen ... Streit, Streit ... ich nörgele, Max ist gleichgültig. Alles, was sich an Ärger angestaut hat, kommt jetzt hoch: seine Trägheit im Haus, dem Kind und auch mir gegenüber, seine Nichtbeachtung aller meiner Wünsche, sein Misserfolg bei Prüfungen.

Inzwischen hat sich vieles wieder normalisiert. Er will seine Ruhe haben, nun soll er. Ich bemühe mich, ihm keine Vorwürfe zu machen. Ob die Prüfungen überhaupt stattfinden, ist noch nicht einmal heraus. Und, sollte er noch mal durchfliegen – wie soll ich da meine Achtung vor ihm bewahren? Er ist ein Träumer, der es im Augenblick gerade bequem hat. Der sich plötzlich mit gesellschaftlichen Zu- und Missständen so sehr beschäftigt, dass er sein persönliches Ziel darüber aus den Augen verliert. Das mag für einen Zwanzigjährigen angebracht sein, aber für ihn, der schon älter ist und Familie hat?

Durch ihre Aktionen haben die Studenten die Bevölkerung gegen sich aufgebracht, sie isolieren sich selbst, eine Minderheit, die mit polizeilicher Gewalt bekämpft wird. Das ist ungerecht, gewiss, dennoch bin ich immer dafür, sich den Realitäten zu stellen, und meinetwegen auch so gut es geht, sich anzupassen. Ich werde niemals einsehen, weshalb ich persönlich etwas für eine Sache opfern soll, von der ich annehme, dass sie, wie so viele Mißstände in der Gesellschaft, durch eine Revolution nicht auszumerzen sind. Ich glaube nun mal nicht daran, dass eine Gesellschaft totale Gerechtigkeit schaffen kann und bin überzeugt, dass die Menschen sich leider gleichen, egal in welcher Gesellschaftsform sie leben. Max missbilligt meine Ansichten – und er hat natürlich das Recht dazu. Ein paar Jahre noch gebe ich uns, mehr sicherlich nicht …

Seit einer Woche sind wir wieder nett zueinander. Er ruft an, kommt früher nach Hause, versucht auf mich einzugehen. Ich mache ihm selten Vorschriften und wir beide freuen uns an dem Kleinen. Friedliche Familie. Und freie Liebe finden wir beide nicht gut, weil es einen ja ganz schön unter Stress setzt.

Habe ich schon geschrieben, dass ich mich zum 1. Oktober für eine Ausbildung in einer Bibliothek beworben habe? Mein Studium weiterzuführen, traue ich mir jetzt nicht zu, die ungewissen Stundenpläne kann ich nicht mit meinem Alltag vereinbaren, und in Max hätte ich keine große Hilfe. Wenn ich festgelegte Zeiten habe, dann muss er für den Kleinen da sein. Ich hoffe, dass sie mich nehmen, ich war bereits die neunte Bewerbung und sie haben nur acht Plätze zur Verfügung. Ich würde gleich von Anfang an Geld kriegen, das wäre wichtig, denn das Stipendium für Max läuft nächstes Jahr aus.

In der letzten Zeit bin ich zu der Überzeugung gekommen, dass ich einen Beruf brauche, der mich von Max unabhängig macht. Was aus seinem Studium wird, weiß man ja doch nicht. Klein-Bübchen müsste in einen Kindergarten, ich glaube, dass ihm das gut tun wird. Er ist neugierig, gesellig, aufgeschlossen allem Neuem gegenüber und im Herbst wird er schon zwei Jahre alt. Schluss mit der Zeit, in der ich stolz meine verschiedenen Berufe als verheiratete Frau aufzählte: Putzfrau, Köchin, Gesellschaftsdame, Erzieherin, Mutter, Geliebte, Hure …

Elisabeth, die Schauspielerin ist und einen Job als Sprecherin hat, sagt eines Tages, sie wolle noch eine Alterskarriere starten.

Renate, frühpensionierte Lehrerin, Ende Fünfzig, schreibt ihren ersten Roman.

Ute, Malerin im Rentenalter, die sich überwiegend durch Unterrichten ihren Lebensunterhalt verdiente, arbeitet verstärkt an der Würdigung ihres Werkes.

»Ich habe noch so viel zu geben«, sagt sie, »stell dir vor, du bist eine Marktfrau mit einem herrlichen Blumenstand und niemand kauft etwas.«

Nur Charlotte, Autorin und Dozentin, hat Zweifel, ob sie jemals wieder einen Stift in die Hand nehmen soll, und ist sich nicht sicher, ob diese Haltung ihrer Bequemlichkeit oder einer Resignation entspringt. Vielleicht einmal ganz etwas anderes machen?

Alle waren junge Frauen in den Sechzigern, heute mit Enkeln oder wieder alleinstehend. Die Frauen in diesem Buch haben den Lebensweg der nächsten Generation mit ihren in der Öffentlichkeit ständig präsenten Namen und Schicksalen begleitet. Viele nahmen sich ein Vorbild an der ein oder anderen, bewusst oder unbewusst. An der naiv-berechnenden Sinnlichkeit der Bardot, der burschikosen Munterkeit der Pulver, dem exzessiven Lebensstil der Sagan oder der Arbeitswut Saint Phalles. Haben die Alterungsprozesse dieser Prominenten etwas für die Zwischengeneration, die weder Schwestern noch Töchter sein konnten, etwas auszusagen? Wird die faltige Bardot mit ihrer fanatischen Tierliebe ernst genommen? Wer will schon drogenabhängig und verschuldet im Alter wie die Sagan sein? Mit über siebzig noch zu bedauern, den Oscar nicht gewonnen zu haben, scheint auch nicht gerade souverän.

Und Simone de Beauvoir, die Frau, die sich in ihren Büchern oft über den Alterungsprozess geäußert hat? Bei ihr fällt das große Bedauern auf, über das, was sie verpasst hat, vielleicht doch Weiblichkeit und Mutterschaft. Vor allem: die Beauvoir wollte nicht alt sein, empfand es als Bedrohung. Sicherlich ist das realistisch gedacht, doch damit will keine Frau ihre nächsten zwanzig Jahre verbringen.

Alt geworden an Jahren sind viele der in diesem Buch vorgestellten Frauen. Sehr alt die Gräfin Döhnhoff. Und ihre Souveränität, ihre nach außen gezeigte Disziplin bis zuletzt, könnte vorbildlich sein. Auch Dorothee Sölle, die nach einem Vortrag zusammenbrach und starb, hat Alter und Tod durch ihre gedankliche Arbeit immer in ihr Leben einbezogen, auch wenn es für sie zu früh und unerwartet zu Ende ging.

Zu bewundern ist besonders die alte Niki de Saint Phalle, die sich bis zuletzt mit aller verfügbaren Energie ihrem Lebenswerk widmete. Und wie auch immer ihr Alterswerk beurteilt werden wird: Es ist traumhaft und hoffnungsfroh, was brauchen wir mehr?

Dennoch, das wirklich gelungene Modell für die Generation jenseits von Berufstätigkeit und diesseits von Demenz fehlt. Entwickeln wir es individuell, nicht als Großmütter von einst, nicht als Achtundsechzigerinnen, als generationsspezifische Artgenossen, sondern als selbstbestimmt wachsende Persönlichkeiten solange es geht. Denn die einzig möglichen Alternativen zum Altwerden wollen wir nicht: weder durch Krankheit noch Unfall plötzlich herausgerissen werden. Nur darin kann eine Lösung liegen: Realistische Einschätzungen suchen und aushalten und doch weiter machen. Sich an vorgelebten Modellen zu orientieren, haben wir von Kind an gelernt. Psychologen behaupten, Beobachten und Lernen am Modell sei erfolgreicher als das Herumprobieren. Langwierige Versuchs- und Irrtumsexperimente wollen wir uns im Älterwerden nicht leisten.

Die Schriftstellerin Ingrid Bacher ist in ihrem Buch *Sieh' da, das Alter* den Weg der Erinnerung gegangen und ließ die älteren Frauen ihrer Kindheit und Jugend im Buch wieder aufleben. 1930 geboren, der Generation der Frauen in diesem Buch angehörend, findet sie nur mehr oder weniger gelungene Annäherungen an das Älterwerden. Wichtigstes Ergebnis bleibt es, nach vorn zu leben. Und den Jüngeren zu zeigen, wie es gehen kann.

Das burschikose Lachen der Liselotte Pulver (*1929)

Sie war einer der wenigen Filmstars, der im Nachkriegsdeutschland und bis in die späten Sechziger Jahre hinein ein etwas anderes Bild von Frauen vermittelte als die Klischees von Femme fatale oder seelenvollem Gemütswesen. Diese Rollen wurden unter anderem von Hildegard Knef und Maria Schell eingenommen, von der Pulver um ihr internationales Renommee beneidet, das ihr, trotz Hollywoodfilm und berühmten Partnern und Regisseuren leider verwehrt geblieben ist. Viele ihrer Träume haben sich erfüllt, nur der vom Oscar nicht.

Auf geheimnisvolle Weise wurde aus einer zarten, anmutigen jungen Schauspielerin, die auf der Bühne alle Traumrollen des Theaters glanzvoll verkörpern durfte, ein androgynes Geschöpf, das zudem mit der in Deutschland seltenen Gabe des Humors und kraftvollen Lachens ausgestattet war. Ihre Schwester, die Journalistin Corinne Pulver, hat in ihrem Buch über sie einleuchtend dargelegt, dass Deutschland genau diese verschmitzt strahlende Schweizerin brauchte, um endlich wieder nach dem Krieg etwas zum Lachen zu haben. Ein »Lausbub«, ein »Kobold« entzückte die Fantasie der Leute. Und wie geht das besser als mit dem Spiel von vertauschten Geschlechtsrollen oder jungen Frauen, die sich niemals die Butter vom Brot nehmen lassen. Obwohl eine begnadete ernste Bühnenschauspielerin wurde Liselotte Pulver einer der ganz großen Publikumslieblinge im deutschen Film.

Hosenrollen wie in *Fritz und Friderike* 1952 oder *Gustav Adolfs Page* 1960 und der Triologie der Spessart-Filme, gedreht von Kurt Hoffmann zwischen 1957 und 1967, brachten ihr besondere Lacherfolge und Ruhm. Männer, die sich als Frauen verkleideten, gehörten im Theater zum Standardrepertoire, denn zur Shakespeare-Zeit bis ins 18. Jahrhundert hinein übernahmen Männer meistens die Frauenrollen. Der Reiz der Androgynität wurde umso stärker, je eindeutig festgelegter die Rollen von Mann und Frau im Leben waren und je verpönter die gleichgeschlechtliche Liebe. Auch Hosenrollen gab es immer im Theater, besonders reizvoll, wenn sich junge Männer, die auf der Bühne Frauen darstellten, dort wieder in die Männerrolle wechseln mussten, aus der ein Mann sie dann erlöste, wie in *Wie es euch gefällt* bei Shakespeare.

Der zweite Weltkrieg hatte für Männer und Frauen große Einschnitte für ihr Selbstverständnis gebracht. Frauen mussten in Munitionsfabriken arbeiten, Schwerstarbeit leisten, um nach dem Krieg für sich und ihre Kinder die Trümmer zu beseitigen. Sie wussten sich im Besitz einer Kraft, die der männlichen durchaus ebenbürtig war. Und am Partisanenkrieg, in den an Deutschland angrenzenden Staaten, hatten sie ebenso teil wie die Männer und haben in Wut und Verzweiflung wie diese auf die feindlichen Soldaten geschossen. Als die Männer vom Krieg oder aus der Gefangenschaft zurückkamen, rückten sie wieder vor in die alten Machtstrukturen, die den Platz der Frauen am Herd wünschten oder in vorübergehenden Hilfsjobs. Warum diese das mitmachten, bleibt unklar. Waren sie kampfmüde? Froh, einem anderen die Verantwortung in die Hände zu legen? Oder wehrten sie sich nicht genug, um ihren Teil am gesellschaftlichen Leben zu behalten? Dazu gibt es soziologische Untersuchungen. Jedem musste auffallen, wie vollständig Frauen sich damals aus dem öffentlichen Leben zurückzogen. Den Töchtern dieser Frauen wurde jedoch eine mehr oder weniger gute Berufsausbildung mit auf den Lebensweg gegeben. Das hatte die Erfahrung, plötzlich ökonomisch auf sich allein gestellt zu sein, mit sich gebracht. Sogar bis in die neutral gebliebene Schweiz hatte sich diese Ansicht durchgesetzt.

Am 11. Oktober 1929 in Bern geboren – ihre Schwester nennt nur das Datum und diskret: »... einige Jahre vor dem Zweiten Weltkrieg«, bei dessen Ende das junge Mädchen immerhin schon fast sechzehn war – fügte sich Liselotte zunächst dem Vater und machte eine solide Ausbildung, unter anderem, weil sie selbst ein ausgeprägtes Sicherheitsbedürfnis hatte. Sie besuchte die Mädchenhandelsschule und machte das Abschlussdiplom, ohne den Wunsch, Schauspielerin zu werden, aufzugeben, ja sie finanzierte sich zum Teil die Ausbildung selbst mit einer Halbtagsstelle oder mit Modenschauen und später mit einem Stipendium, das der Vater von seiner Berner Zunft bewilligt bekam. Er selbst war ein Geizkragen, einer, der es seiner Familie schwer machte, ihn überhaupt zu ertragen. Corinne Pulver schildert in der Biografie ihrer Schwester recht schonungslos die Familienverhältnisse. Wie viel Verblendung Liselotte Pulvers war nötig, um im veröffentlichten Tagebuch *... wenn man trotzdem lacht* zu schreiben: »Ich war ein glückliches Kind ...«, fragen sich die Leser, die beides nicht zusammenbringen können. Vor allem möchte man wissen, wie Liselotte zu den schwesterlichen Enthüllungen stand, denn die ältere scheute sich nicht, die jüngere bloßzustellen. Das Buch der Schwester enthält ein scharfes, wenn auch humorvolles Psychogramm des berühmten Filmstars, was ihr Verhältnis zu Geld, Männern und Ehrgeiz angeht. Auch das ist in den bearbeiteten Tagebüchern Liselotte Pulvers zu lesen: Sie schildert ihrerseits die Schwester als eifersüchtig und neidisch auf ihren Entschluss, so schnell wie möglich berühmt zu werden und das energisch in die Tat umzusetzen, während die ältere ihren Lebensweg zögerlicher betritt.

Corinne Pulver beschreibt Liselotte Pulver als keck und aufdringlich, jederzeit bereit, sich zu produzieren. Sie spielt »das lustige Kind«, und es scheint, als hätte Deutschland gerade auf eine wie sie gewartet: »Niemand konnte ahnen, dass sich dieses geschlagene und bis ins Innerste erschütterte Volk ausgerechnet von einer harmlosen Träumerin trösten lassen würde, die dem Ernst der Stunde nichts anderes als ein hartnäckiges Lachen entgegenzusetzen hatte.« Ein schicksalhaftes Zusammentreffen nennt es die Schwester. Deutschland mit seiner Sehnsucht nach einem Heile-Welt-Zauber, Liselotte mit der liebearmen Jugend, die etwas nachzuholen hatte. Zunächst bei der Mutter ihrer späteren Rivalin Maria Schell, ihrer ersten Schauspiellehrerin in Bern. Schon nach einem Semester hörte sie auf und nahm stattdessen Privatstunden bei Paul Kahlbeck, einem Emigranten aus Wien. Er war nicht ganz so teuer, das kam ihr entgegen, doch vielleicht war ihr auch die Übermacht des Schell-Clans zu viel geworden – immerhin vier Kinder, alle dereinst berühmte Schauspieler. Sich in Gemeinschaften einzufügen, fiel ihr immer schwer. Corinne Pulver beschreibt ihre Schwester eher als Einzelgängerin.

Ende 1948 hatte Liselotte als junge Schauspielerin ihren ersten Auftritt am Berner Stadttheater in dem Grillparzer-Stück *Sappho*. Im Februar 1949 spielte sie ihre erste Hauptrolle, die Marie in Goethes *Clavigo*. Obwohl sie viel gelobt wurde, bekam eine andere den ersehnten Vertrag am Theater. Lag es daran, dass auch ihr Lehrer Paul Kahlbeck nicht als Intendant eingesetzt wurde? Auf jeden Fall gibt Liselotte Pulver eine Abschiedsparty für ihn, wo sie die bewährte Lachnummer ihrer Louis-Armstrong-Imitation zum Besten gab. Hatte noch ihre Lehrerin in der Handelsschule verurteilend geäußert, das sei doch Prostitution, was sie da mache, war Paul Kahlbeck überzeugt, sie schade mit solchem Klamauk ihrer Stimme, doch sein Freund, der Kabarettist Walter Morath, weissagte ihr eine Zukunft als Clown.

Sehr oft im Laufe ihrer Karriere überzeugte Liselotte Pulver als ernsthafte Schauspielerin für ein großes Publikum, auch in den Fernsehinszenierungen *Die Lerche* von Jean Anouil oder *Unsere kleine Stadt* von Thornton Wilder. Ihre größten Erfolge erzielte sie jedoch mit Filmrollen, die einen Schuss Clownerien enthielten.

Selbstbewusst tingelte Liselotte Pulver Ende der vierziger Jahre durch die Schweizer Lande, um ein Engagement zu bekommen. Und am berühmtesten Theater der Schweiz, dem Züricher Schauspielhaus, das vor allem von Emigranten aus Nazideutschland, wie Kurt Hirschfeld, Leonhard Steckel und Therese Giese zu einer der führenden Bühnen Europas gemacht wurde, gelang es ihr, angenommen zu werden. Die älteren Herren, die dort das Sagen hatten, Don Juans, Homosexuelle oder beides, mochten das jungenhafte Mädchen. »Sie sah nicht so aus, wie Mädchen aussehen, die Schauspielerin werden wollen, eher wie eine Sportlerin, um nicht zu sagen, wie ein großer Junge, nicht schön, jedoch mit einem lebendigen, eher frechen Gesicht«, heißt es in einer Besprechung über die Inszenierung von *Unsere kleine Stadt*.

Der Typus der frechen, unweiblichen Frau hat bei Männern wie Frauen zu allen Zeiten großen Erfolg. Sie ist ein Kumpel, nicht gefährlich. Anders als die Femme fatale, von Männern sowohl geliebt wie gefürchtet, von Frauen zugleich beneidet und abgelehnt, ist der androgyne Hosentypus für alle da.

Viele, die sie als junge Schauspielerin in Zürich in »Faust II« mit Will Quadflieg, in Shakespeare- und Schillerrollen sahen, mögen bedauert haben, sie so schnell an den Film verloren zu haben. Auch hier fing sie gleich recht etabliert an: *Swiss Tour* hieß der Film, in dem sie neben Cornel Wilde, Simone Signoret und Heinrich Gretler spielen durfte. Und ebenfalls 1950 spielte sie mit Hans Albers und Adrian Hoven die weibliche Hauptrolle in *Föhn*. Nicht erst damit begann die schier endlose Verliebtheit der Liselotte Pulver in ihre Partner, die dann allerdings wie Hans Albers erstaunt waren, dass sie nicht so leicht zum Zuge bei ihr kamen, wie sie dachten.

Die Männer in ihrem Leben hatten sich am Vaterbild zu beweisen. Die Väter dieser Generation von Frauen waren nicht abwesend, wie bei der folgenden Kriegsgeneration. Dort wo die Väter fehlten, war es noch schwerer, sich gegen Männer zu behaupten, vielleicht auch deshalb der Männerhass im Feminismus der siebziger Jahre.

Der Vater von Liselotte Pulver war in ihrer Jugend immer da, selbst im Krieg wurde er nicht in die Schweizerische Armee eingezogen. Man entließ ihn wegen eines Herzfehlers, was die Frauen der Familie – Mutter und die beiden Töchter – verwundert hörten, denn für sie stand fest, dass der Vater gar kein Herz besaß. Die Mutter mit ihrer Liebe zur Musik schaffte nur deshalb ein einigermaßen erträgliches Leben für die Familie, weil der Vater sich in ein eigenes Zimmer verschanzte. Er war geizig und streng, ein richtiges Ekel. Liselotte, die Harmoniesüchtige, war in der Familie die einzige, die offene Auflehnung verweigerte, und stattdessen ihre Strategien der Frechheit entwickelte, die nach außen hin »nur« lustig wirkten. Ihr Bedürfnis, ständig auf sich aufmerksam zu machen, wurde gerade aus der Nicht-Beachtung heraus entwickelt. Ihre Ängste und Sorgen, so lernte sie, konnte sie überwinden, wenn sie mit krampfhafter Lustigkeit »schönes Wetter« machte. Mit dieser Haltung kam sie besser mit dem Vater zurecht als mit der offenen Feindseligkeit, mit der Mutter und Schwester zu ihm standen. Das Entsetzen über die Schilderung der Schwester beschreibt Liselotte so: »Unversöhnlich war leider auch meine Schwester Corinne. Während Buebi (der Bruder, die Verf.) und ich als Kinder über den Schatten des gestrengen Vaters zu springen vermochten, versteinerte sie in panischem Schrecken …«

Durch Veröffentlichungen hätte die schwesterliche Journalistin dem Vater später alle ihre Kindheitsängste heimgezahlt. Und als der Mann Liselotte Pulvers, der Schauspielkollege Helmut Schmid, ihr das Manuskript des Buches der Schwester zu lesen gab, standen ihr die Haare zu Berge.

»Was musste ich da über meine Herkunft erfahren, über meine Ideale und Idole: Dass wir aus einer heruntergekommenen Bürgerfamilie stammen; dass Papa ein launischer unerbittlicher Tyrann gewesen sei, der niemals lachte, Mama durch ihr Doppelleben, bedingt durch ihre Gesangsstunden, der Ruin der Familie, ich ein kontaktloser, liebeshungriger, verwahrloster Besen, Helmut ein schöner Hochzeiter und Prinzgemahl ... o heiliger Ikonoklast. Sie schob ihre eigenen Ängste und Probleme in die Schuhe der gesamten Verwandtschaft.«, lautete die schwesterliche Retourkutsche.

Explosiver Schwesternhass schwirrte durch Buch und Reaktion. Dabei beschreibt Corinna Liselotte durchaus rührend und komisch, »man lachte viel über das ›lustige Kind‹, am meisten lachte am Ende es selber, stets ein wenig übertrieben, wie es eben typisch ist für jemand, der mit Lustigkeit seine Trauer übertönt, der da lacht, wo er eigentlich lieber weinen würde.«

Eine solche Frau passte in die Verdrängungen der Nachkriegszeit genau hinein, das erklärt vielleicht ihren enormen Erfolg, zumal die tieferen Töne hinter dem Lachen durchaus fühlbar blieben. Es ist ja nie der reine Klamauk, der am meisten berührt, sondern immer der Witz, der auf einem tragischen Untergrund schwebt. Chaplinesk war die Begabung Liselotte Pulvers. Einmal hat sie den großen Clown auch getroffen, sogar sein Interesse erweckt. 1954 bei der Jeremias Gotthelf-Verfilmung *Uli der Knecht* besuchte Charlie Chaplin die Dreharbeiten. Die Karrieren der beiden lagen allerdings zeitlich zu sehr auseinander, als dass es zu einer Zusammenarbeit kommen konnte.

Obwohl in den fünfziger und sechziger Jahren eine der beliebtesten Filmschauspielerinnen, war Liselotte Pulver doch immer wieder eine Frau der verpassten Chancen. Trotz ihrer Bemühungen, trotz ihres Ehrgeizes gelang ihr keine internationale Karriere. Und wie es so ist im Leben, man schaut oft nicht auf das, was man geleistet hat, sondern was sich nicht erfüllt hat. Insofern ein typisch weibliches Problem, denn selbst wenn die Künstlerin ein Star, ein Vorbild als Karrierefrau ist, so teilt sie mit den Fans die Träume vom Erfolg. Am liebsten würde sie sich gar nicht auf eine bestimmte Drehzeit festlegen wollen, denn es könnte ja ein besseres Angebot kommen. Das geschah: 1959 hatte sie sich verpflichtet die Hauptrolle in *Gustav Adolfs Page* zu spielen, ja, man kann sagen, es war eine Wunschrolle. Gerade da erreichte sie ein Angebot aus Hollywood. Himmel und Hölle versuchte sie in Bewegung zu setzen, um den deutschen Film zu verschieben, jedoch vergeblich. Nicht einmal entlassen wollte man sie aus dem Vertrag. Alles war vorbereitet, die Dreharbeiten konnten beginnen, Hollywood musste nun wohl oder übel hintenanstehen. Die angebotene Traumrolle in *El Cid* neben Charlton Heston bekam Sophia Loren. Der Regisseur des Films, der eigentlich mit ihr arbeiten wollte, Dino de Laurentis, wäre einer der prominenten Regisseure gewesen, unter denen sie ihre Karriere zu neuen Höhepunkten hätte treiben können. – Die Loren stach sie noch einmal aus: Bei der Verleihung ihres dritten von insgesamt fünf Beliebtheitsbambis stürzten die Reporter sich nur auf die Loren, kaum auf sie.

Der Schwesternneid schlug nun auf Umwegen auch bei ihr zu. Selbst als Billy Wilder mit ihr die hinreißende Marilyn Monroe-Parodie drehte – in *Eins zwei drei* –, wurde der Film zwar sehenswert für Cineasten, allerdings kein großer Durchbruch. Tragischerweise als Ost-West-Komödie nach dem Mauerbau 1961 während der Dreharbeiten nicht einmal mehr aktuell. Dabei hätte sie endlich einmal die Chance eine Sexbombe zu spielen, ein langer Wunsch der auf Hosenrollen Spezialisierten, und das bei Billy Wilder, der 1959 mit Marilyn Monroe den Welterfolg *Manche mögen's heiß* gedreht hatte, und 1960 den ebenso erfolgreichen Film *Appartement* mit Shirley MacLaine. Sich selbst beschreibt Liselotte Pulver als »so gut wie Marilyn, so lustig wie Shirley und so diszipliniert wie beide nicht.« Es sollte nicht sein.

Immerhin blieb ihr der rauschende Erfolg in Deutschland und die Fixierung auf den Hosentypus, die ihre Erscheinung in der deutschen Filmgeschichte einmalig machte. Ihr Pech, dass die Geschichte des deutschen Films in den Jahren keine rühmliche war. Und dass es später, in den siebziger Jahren, abwärts ging, die Karriere in Frankreich oder Hollywood nicht mehr denkbar war und Fernsehen und Tourneetheater das einzige blieben, wo Liselotte Erfolge feiern konnte.

In ihrem Buch ... *wenn man trotzdem lacht* beschreibt sie mehr als ihr selbst klar zu sein scheint, die Enttäuschungen, das Pech, die immer tragischer werdenden Lebensverwicklungen. Sie verausgabte sich auf Tourneen, die sie nur ihrem Ehemann zuliebe mitspielte, verkrachte sich mit Kollegen und mit der Presse, mit Reportern, welche die Ehe argwöhnisch betrachten und nach dem Suizid der Tochter Melisande die Schuld nicht in deren psychotischer Persönlichkeit, sondern bei den Eltern suchten. Eine einzige Abfolge von verpassten Gelegenheiten, Überschwemmungen, quälenden Hausmädchen und Handwerkern bis hin zu gesundheitlichen Katastrophen. Ein Meer von Pannen, Missverständnissen, Pech und Unfällen durchzieht die zweite Hälfte des Lebens der lustigen Pulver. Warum kann sie sich nicht mehr an ihren Erfolgen freuen? Noch immer wird ihr Lachen als Markenzeichen verkauft, so zur Feier ihres fünfundsiebzigsten Geburtstages im Fernsehen, wo sie als Kobold im goldenen Wams, Kniebundhose, Weste in Gold, Bluse in Weiß, goldenen Turnschuhen herumspringt, hochgeehrt an ihrem 90zigsten, lachend im Unterhaltungsfernsehen.

So in ihrem letzten Buch, in dem sie *Das Geheimnis meines Lachens* entschlüsselt. Der einstige Superstar spielt im Jahr 2000 wieder in einem Erfolgsfilm *Das Superweib* – diesmal nicht in der Hauptrolle, sondern als Schwiegermutter. Zum Glück lacht sie trotzdem.

Ähnlich wie bei der Bardot ist die Pulver ein Beispiel dafür, dass »der Typ«, den sie verkörpert, abgetrennt von ihr selbst überlebt und genau darüber am heftigsten lachen kann. Galgenhumor.

NIKI DE SAINT PHALLE (1930–2002)

RASTLOS UND INTENSIV

Eine Frau mit Markenzeichen. Alle ihre Werke, viele ihrer Zeichnungen sind mit ihrem Namen signiert, der sich ornamental geschmückt oder kindlich naiv gibt, gerade, genau ausgeschrieben, ebenso unbeholfen wie selbstbewusst. Nur wenige Künstlerinnen in der Gegenwart haben einen so großen Bekanntheitsgrad wie Niki de Saint Phalle. Ihre bunten runden Frauen, die Nanas, ihre Monster und begehbaren Skulpturen kennt beinahe jeder. Es sind nicht nur die Zeitungsartikel über große Ausstellungen, die sie international bekannt gemacht haben. Auch der Film hat dazu beigetragen, den Peter Schamoni über sie gedreht hat und der in kurzen Abständen in den Programmkinos als Standard-Repertoire vorgeführt wird, wie die Filme, die über Picasso und Max Ernst gedreht wurden und beide Meister bei der Arbeit zeigen. Im Film wird Niki de Saint Phalle nicht nur als Künstlerin vorgestellt, sondern auch als Privatperson. Eine hübsche zierliche Frau mit tiefer Stimme.

Eines ihrer Hauptwerke, der Tarot-Park im Süden der Toskana, dürfte der Grund sein, warum viele mit dem Namen Niki de Saint Phalle vertraut sind. Die Toskana als eines der beliebtesten Reiseziele der Deutschen. Inzwischen weist jeder Reiseführer den Weg zu dem Gelände, auf dem sie innerhalb von zehn Jahren ihre bunten, riesenhaften Skulpturen aufbaute. Viele Tausende bewundern täglich die unermüdliche Kreativität dieser Frau.

Da eine Künstlerin wie Niki de Saint Phalle sich mit all ihrer Widerstandsfähigkeit in der Regel nicht wie ein Popstar vor Publikum präsentiert – auch wenn ein Katalog sie »lange vor Andy Warhol zum ersten Popstar der Kunst« erhebt –, so geht die Verehrung ihrer Person den Umweg über das Werk, auch wenn vielleicht die Person gemeint ist. Die Intimität, die Fans mit ihren Idolen zu teilen vermeinen, finden sie ganz besonders bei Künstlern, deren Werk wie bei Niki de Saint Phalle Bekenntnischarakter hat.

Eine gute Vermarktung macht sie in kurzer Zeit zum Star in der Kunstwelt, eine Strategie, von ihr selbst begonnen, von den Galerien und Museen fortgeführt und gepflegt, von den Erben ausgebaut. Geschäftstüchtig war sie immer, wenn auch durch hohe Ausgaben oft vom Bankrott bedroht. Dadurch ihrem Vater ähnlich, einem Bankier, der kurz vor ihrer Geburt während der Weltwirtschaftskrise 1929 in Konkurs ging. Ein Parfüm, von ihr kreiert, Schmuckentwürfe, Vasen und Möbel in begrenzter Auflage halfen bei der Finanzierung wichtiger Projekte, wie dem Tarot-Park in der Toskana. Dieser beansprucht aufwendige Pflegemaßnahmen, wird ausgebaut, Café und Buchladen ergänzen ihn heute. Tagebücher der Künstlerin werden veröffentlicht. Das Werk soll zwar für sich sprechen und meint doch immer auch die Person, die sich in ihm enthüllt.

Drei Linien lassen sich durch Leben und Kunst von Niki de Saint Phalle ziehen, die maßgeblich für ihren Erfolg sind. Sie vereinigte zum jeweils richtigen gesellschaftspolitischen Zeitpunkt – denn nur im Schnittpunkt eines besonderen Individuums mit den bestimmenden Zeittendenzen kann ein Kult um eine Person entstehen – intime Bekenntnisse ohne Peinlichkeit, Feminismus ohne Männerhass und Esoterik ohne Glaubensanspruch.

Die persönlichen Bedingungen ihres Erfolges waren ebenfalls günstig. Herkunft, Charaktereigenschaften, Begegnungen mit Mentoren, persönliche Beziehungen bildeten den Nährboden.

Der Schamoni-Film über Saint Phalle und viele Fotos zeigen zunächst ein Bild eines Stars: Eine zierliche Frau, Titelblattschönheit von Magazinen, originell, geliebt, verlassen, kreativ, krank und für ein Publikum unvergessen. Puzzleteile einer Diva. Zur Pilgerstätte werden nicht ein Geburts- oder Wohnhaus, sondern ihre Kunstwerke, die behausen können wie die Sphinx im Tarot-Park. Außer diesem großartigen Erbe in der Nähe von Capalbio sind es in Europa die Städte Hannover, Nizza, Fribourg, Stockholm, Amsterdam, Basel mit ihren Museen, an denen der Verehrer der Frau mit dem seltsamen Namen nicht vorbeigehen sollte. Hannover wuchert mit der Künstlerin. Die Stadt rechnete damit, dass Niki-Fans aus aller Welt nach Hannover kommen, um ihr letztes großes Kunstwerk, die Grotte im Herrenhäuser Park zu bewundern, schrieb eine Zeitung *Niki-Fans.* Für Fanclub und Autogrammkarten ist es jetzt, nach ihrem Tod 2002, zu spät. Dennoch bleibt die Grotte für die Stadt ein Besuchermagnet.

Eine Fähigkeit, die der Fan vom Star erwartet, ist etwas, was jeder ersehnt und an dieser Person beispielhaft festmacht: Die Fähigkeit, ganz sie oder er selbst zu sein. Eine Änderung, eine Umkehr, eine Verwandtschaft verspricht der Star. Und scheint auch bestrebt, so zu sein wie wir; dafür dass wir ihn lieben, äußert er sich bescheiden. »Mehr als alles andere möchte ich, dass die Leute zu Hause gut von mir denken. Ich habe zwar ein bisschen was erreicht, aber sie sollen nicht meinen, dass mir der Erfolg zu Kopf gestiegen ist«, sagte zum Beispiel Elvis Presley in einem Presseinterview.

Die schießende, eigene Kunstwerke zerstörende Künstlerin Saint Phalle überzeugt durch ihren Erfolg schließlich sogar ihre Familie und will von ihr nichts anderes als geliebt sein, wie wir alle. Vielleicht ist es symptomatisch, dass sie als schießwütige Künstlerin zu einer Zeit Furore macht, in der Stars wie Brigitte Bardot und Jeanne Moreau sich in dem Film *Viva*

Maria 1965 als Flintenweiber präsentieren. Saint Phalle ist so sehr Star, dass sie bereits in einem Film von 1963 *What a way to go* mit Paul Newman in ihren Schießaktionen karikiert wird. Nach dem Motto, wie man mit möglichst viel Klamauk schnell berühmt und reich wird. Die Welt der Filme wird sie immer anziehen, gleich ob sie eigene inszeniert oder in einem Arm der durch die Vagina begehbaren *Hon*, der liegenden Riesin, die 1966 in Stockholm ausgestellt wurde, einen Kurzfilm mit Greta Garbo zeigen lässt. Die liegende Göttin war Niki de Saint Phalles Idee und sie wurde begeistert dafür gefeiert, wenn es auch Kritik wegen Anstößigkeit gab.

Heute wird das künstlerische Erbe von ihrer Enkelin Bloum Cardenas betreut, in enger Verbundenheit mit einem Künstler, der seit 1966, dem Jahr der *Hon*, mit Saint Phalle zusammenarbeitete, mit Rico Weber, einem Schweizer. Im Herbst 2003 war im Tarotpark eine Sonderausstellung seiner Werke zu sehen. Im Gegensatz zu den farbstrotzenden Figuren seiner Mentorin alles in Dunkelgrau. Farbig im Ausstellungsraum war nur das Foto, das die Parkschöpferin mit dem Künstler zusammen zeigte, beide lächelnd, er in die Kamera, sie in eine verschwimmende Ferne. Eine blonde alternde Schönheit mit der Aura der Auflösung im entrückten Antlitz. Kaum einer, außer Jean Tinguely, hat so lange wie Rico Weber mit Niki de Saint Phalle zusammengearbeitet und sicherlich war es nicht leicht für ihn, sich neben dieser Künstlerin eigenständig zu behaupten.

Jean Tinguely und Niki de Saint Phalle lernten sich 1955 in Paris kennen. Sie, sowohl Französin als auch Amerikanerin, lebte dort mit ihrem Mann und zwei Kindern, hatte allerdings entschieden, sich ganz mit ihrer Kunst zu beschäftigen. Er dagegen, ein Schweizer, in Bern geboren, jedoch in Basel zu Hause, lebte in den fünfziger Jahren mit seiner ersten Frau, der

Künstlerin Eva Aeppli, in einem der herrlich verwahrlosten Ateliers nicht weit von dem rumänischen Bildhauer Constantin Brancusi, der von der jüngeren Künstlergeneration verehrt wurde. Jean Tinguely lernte zunächst Dekorateur, war auch freiberuflich tätig, begann dann mit Draht und Blech Skulpturen zu konzipieren, schnell kam die kinetische Bewegung dazu. Er beeindruckte die neugierig durch sein Atelier streifende Niki de Saint Phalle mit seinen Skulpturen und beweglichen Objekten, sie ihn wohl zunächst vor allem durch ihre Attraktivität. Doch sie wollte selbst künstlerisch arbeiten und schaffte es, den fünf Jahre älteren und schon anerkannten Schweizer Künstler durch ihre neue Art des Sehens zu beeindrucken. Tinguely scheint ein sehr besonderer Mensch gewesen zu sein, immer in Unruhe, immer dabei, etwas zu organisieren, Freunde zu treffen, mit ihnen sich künstlerisch auszutauschen. Dazu ein bisschen wie ein nie erwachsen gewordener kleiner Junge, begeistert von schnellen Autos und technischen Apparaten. Er verpasste kein Formel-1-Rennen, egal wo es stattfand, verschwand dazu 1966 sogar mitten in einer Ausstellungsarbeit an der *Hon*, der großen begehbaren Figur von Niki de Saint Phalle in Stockholm, begleitet vom Museumdirektor Pontus Hulten.

Es dauerte eine Weile, bis ihre Liebesbeziehung begann. Niki de Saint Phalle, die mit ersten künstlerischen Versuchen gerade erst selbstständig wurde, gewann durch ihn viele Kontakte mit anderen zeitgenössischen Künstlern, unter anderem mit seinem Freund aus der früheren Theaterzeit in Basel, Daniel Spoerri, der die in den Künstlerkreisen neu aufgetauchte Niki heftig umwarb. Tinguely, dessen Frau sich schon anderweitig orientiert hatte, sogar mit ihm und ihrem neuen Geliebten lebte, konnte das nicht ertragen und begann eine leidenschaftliche Liaison mit der umschwärmten Niki, die daraufhin ihren

Mann und ihre Kinder verließ. Später verarbeitete sie den Schmerz als »Rabenmutter« in ihrer Kunst. Die Leidenschaft, die sie selbst in ihre Kunst legte, wollte sie, wie auch Tinguely, bei jeder Ausstellung anderer Künstler spüren, dann erst konnten sie sich für sie oder ihn interessieren. Sie mochten keine Sammlungen, in denen nur ein einziges Werk eines Künstlers zu sehen war, daraus könne niemand die Person wirklich erkennen und verstehen. Deshalb waren beide froh, wenn sie eine Vielzahl von verschiedenen Werkgruppen zeigen konnten. So erklären sich vielleicht auch die großzügigen Schenkungen nach Stockholm, Nizza und Hannover, die Niki de Saint Phalle dort beheimateten Museen zur Verfügung stellte. Deshalb war sie sehr glücklich über das Museum für Tinguely, das in Basel nach seinem Tod entstand und dem sie Werke aus seinem Nachlass schenkte. Es ging ihnen um Gesamtkunstwerke wie dem Tarot-Garten in Italien, in das alle ihre und auch seine Kunststile eingeflossen sind. Eine facettenreiche Persönlichkeit braucht viele Blickwinkel, um sich zu entschlüsseln und gleichzeitig verstecken zu können. Immer wieder neue Blicke in die spielerische und gleichzeitig gefährliche Tiefe beider Seelen.

An die wichtigen Personen ihres Lebens hat Niki Briefe geschrieben, die sich außer an den Adressaten immer auch an die Öffentlichkeit wenden. Damit legt sie Zeugnis über ihr Leben ab.

Der Brief an Jean Tinguely ist besonders ausführlich und geht auf ihr gegenseitiges Verhältnis ein. Erst die Freundschaft, dann die Liebe, dann eine lebenslange Zuneigung und Zusammenarbeit. Die beiden sind ein Beispiel dafür, dass Ehen und Beziehungen halten können, auch wenn sich die Bedingungen ändern. Im Kosmos von Niki und Jean sind immer viele Akteure versammelt. Ehepartner, Geliebte, Freunde, Künstler und Kunstvermittler, Mitarbeiter. Heute würden wir sagen, sie waren gut vernetzt. Zuneigung schwankt, plötzlich verlieben sich zwei neue oder ehemalige Partner. Alle werden integriert, geschätzt und nach ihren Fähigkeiten eingesetzt. Sicher gibt es Eifersucht. Niki verlässt ihre Familie, Jean gründet nebenbei eine neue.

So beziehungsreich verwoben in Liebe und Kunst wie die beiden gab es kaum ein anderes Künstlerpaar.

Nach dem Ende ihre Liebesbeziehung mündete ihr Zusammensein zwar in eine innige freundschaftlichen Ehe, Niki de Saint Phalle überwand den Trennungsschmerz dennoch nur langsam, davon zeugen unzählige Kunstwerke. Tränen, verzweifelte Briefe und sogar ein bis ins Detail durchgedachter Selbstmordversuch. Sterben wollte sie in einen Pelz gehüllt, mit Champagner und Rilke-Gedichten, so stellte sie sich das sanfte Erfrieren vor. Zum Glück bekam sie vorher eine Lungenentzündung und landete im Krankenhaus statt im Gletscher und wurde von Tinguely und anderen Freunden umsorgt.

Die Beziehung zu Tinguely bleibt unverbrüchlich und wechselt zwischen Spiel und Tiefe und Verletzung.

Beide arbeiten sowohl politisch als auch biographisch häufig zusammen wie bei verschiedenen Brunnen-Projekten, bei der Skulptur im Wald von Milly la Foret und am Hauptwerk Nikis, dem Tarot-Garten bei Capalbio, in dem alle ihre Themen sich vereinigen. Auch Tinguely steuert passende Skulpturen bei. Immer wird alles probiert, verworfen, bejaht, spielerisch erfahren.

Beide arbeiten zeitweise mit Wut und Zerstörung. Nur so lässt sich ihrer Meinung nach etwas ändern oder erneuern. Niki de Saint Phalle schoss gnadenlos auf das Porträt eines Liebhabers und auf ihre mit Farbe gefüllten eigenen Skulpturen, Jean baute sich selbstzerstörende Maschinen. Diese Wut auf untragbare Verhältnisse war gleichzeitig die Zeit ihrer leidenschaftlichen Liebe. Diese Ambivalenz von äußeren Verhältnissen und Ereignissen und ihren eigenen inneren Gefühlsempfindungen kennzeichnet ihre lebenslange Verbindung. Nie versiegt ihr Interesse an Kunst, an technisch zu lösenden Problemen, an gemeinsamen Projekten und gegenseitiger Unterstützung.

Die psychische Labilität Nikis, die sie in ihrer Jugend sogar in die Psychiatrie gebracht hatte, verschwindet auch nicht durch ihre immer größer werdenden internationalen Erfolge. Aber sie bekommt sie in den Griff. Der Schmerz und die Verletzung, als Tinguely wieder eigene Wege geht, bleiben. Erst nach seinem Tod 1991 kann sie alles aufarbeiten.

Das wunderbare Material Polyester, das Niki de Saint Phalle mit Form und Farbe bearbeitete, wurde ihr zum Verhängnis. Das Lösungsmittel zerstörte ihre Lungen. Deshalb ging sie auf Rat der Ärzte nach Amerika, San Diego, ins mildere kalifornische Klima. Dort ist sie Jean Tinguely und seiner Kunst wieder ganz nah. Kinetische Modelle tauchen in ihren Bildern auf. Sie bleibt neugierig, immer noch auf der Suche nach aufregenden Begegnungen mit Menschen, Kunst und neuen Materialien. Ihre neue mythologische, ja esoterische Ausrichtung verbindet sie mit Erinnerungen an ihn.

Personen, die sie gekannt haben, halten sich oft auffällig zurück. Der Eindruck entsteht, dass nur die Kunst Niki de Saint Phalles im Vordergrund stehen soll, nicht jedoch die Person, nicht der Star, der viele Bekenntnisse über sich öffentlich gemacht hat.

Was wird aus einer jungen Frau, die in der Psychiatrie beschließt, Künstlerin zu werden, zu Weltruhm gelangt und sich dann zurückzieht? Schwer krank, allerdings mit rastloser Schöpferkraft bis zuletzt.

Das Psychogramm der Niki de Saint Phalle ist von ihr selbst beschrieben worden. *Niki über Niki* stammt von 1986. Sie spricht darin in dritter Person über sich, fragt sich, ob sie eine Reinkarnation aus vergangener Zeit ist, etwa eine Hexe, die verbrannt wurde oder jemand, der im alten Mexiko an rituellen Handlungen beteiligt war. Sie nennt ihre Vorbilder von Giotto, Bosch, Henri Rousseau bis zu Picasso und Matisse und blickt zurück auf die Phasen ihres Schaffens.

Dreimal fügt sie ein Postskriptum ein, auch hierin der Briefform angenähert. »Sowie sie einen Stift in der Hand hält, verschwindet alle Beklemmung.« Glück findet sie im Tun, beim künstlerischen Prozess, auch wenn sie bekennt: »Sie kann gar nicht räumlich zeichnen.« Auch hier enthüllt sie ihre Person und entzieht sich zugleich durch die dritte Person, indem sie behauptet: »Das Geheimnis bleibt.«

Die Künstlerpersönlichkeit an der Grenze zum Tod verbirgt sich hinter ihren letzten Werken, den springenden Delphinen, glitzernden Totempfählen und einer Yin-Yang-Symbolik.

»... der Star stellt sich meist als Verschränkung von Erlösungs- und Identifikationsfigur zur Schau.« So schreibt Elisabeth Bronfen in ihrem Essay über die magische Ausstrahlungskraft der Diva. »Wir haben immer schon Figuren gebraucht, die wir aufgrund ihrer Persönlichkeit, ihrer Leistungen und ihrer öffentlichen Wirksamkeit bewundern können, um somit die Wunden zu heilen und die Mängel zu glätten, die sich in jeder kulturellen Gemeinschaft ergeben.«

Für den Philosophen Peter Sloterdijk sind Diven Monstren der modernen Massenkultur, »Überschöne«, die das Publikum daran erinnern, dass es sich beim vergleichenden Betrachten nur die eigene Niederlage eingestehen kann. Schönheit und Leistung als Monstren, die eine »erhabene Hoffnungslosigkeit« hervorrufen. Also grenzenlose Verehrung.

Wie merkwürdig muss es für eine ernsthafte Künstlerin sein, plötzlich in den Medien dermaßen beachtet zu werden. Auch die aktive Niki de Saint Phalle hat wie jeder Star ihr Publikum nicht nur durch ihre Schönheit, ihre künstlerische Leistung, sondern vor allem durch intime Einblicke in ihr Leben fasziniert. Wie in einer Tragödie erlebt das Publikum stellvertretend in ihrer Kunst und Person Aufstieg und Fall einer Heldin, deren Kunst selbst zum Untergang beiträgt. Denn schließlich waren es die giftigen Polyesterdämpfe, welche die Entstehung der fröhlichsten Figuren begleiteten und Krankheit und vergleichsweise frühes Siechtum verursachten.

Eine Frau wie Niki de Saint Phalle, aufsässig, mit einer Missbrauchsbiografie, wäre hundert Jahre früher vermutlich von der Familie versteckt worden, schnell verheiratet und vielleicht früh psychisch krank verstorben. Sie selbst stellt fest: »Zu anderen Zeiten wäre ich für immer in eine Irrenanstalt eingesperrt worden ...« Das 20. Jahrhundert des rasanten Fortschritts und der technischen Erfindungen aber gibt ihr Möglichkeiten, dank ihres künstlerischen Talents ihre destruktiven Anteile kreativ auszudrücken und zu bearbeiten. Immer wieder wird in allen Katalogveröffentlichungen die besondere Fähigkeit Niki de Saint Phalles betont, mit radikaler Subjektivität Kunst zu machen. Es scheint so, als hätte sie alle Attribute einer Schamanin der Kunst. Ihre Beschäftigung mit Autoren wie Mircea Eliade, C. G. Jung und Erich Fromm sowie mit esoterischen Schriften aller Art spricht dafür. Wie alle Schamanen verdankt sie nicht etwa ihren psychischen Zusammenbrüchen ihr Talent, sondern, wie Mircea Eliade betont, »der Tatsache, dass er (der Eskimo- oder der indonesische Schamane, die Verf.) sie meistert.« Die Kraft zur Heilung ist dieselbe die in der Kunst wirkt. Dieses Schamanentum hat Niki de Saint Phalle in den letzten Lebensjahren künstlerisch ausgedrückt. Totempfähle der Indianer, Zerstückelungen und Zusammensetzungen in den »Meta-Tinguelys«, indische Göttergestalten. Ihr Wunsch, Freude zu bringen, kosmische Energie aufzufangen, macht sie zu einer Frau, die nicht nur sich selbst heilen will, sondern den Anspruch hat, auch anderen ihre Erkenntnisse, ihre Weisheit zu vermitteln und vielleicht heilend zu wirken. Ihr Leben jedenfalls hat mehrere schamanische Initiationserlebnisse, die Eliade charakterisiert als »Leiden, Tod und Auferstehung«, als »Zerstückelung des Körpers (bei Saint Phalle durch Elektroschocks, Asthma, Depressionen, die Verf.), danach Erneuerung der inneren Organe und der Eingeweide; Auffahrt zum Himmel und Unterredung mit den Göttern oder Geistern. Abstieg in die Unterwelt und Unterhaltungen mit den Geistern und den Seelen der verstorbenen Schamanen; verschiedenerlei Offenbarungen religiöser und schamanischer Art (Berufsgeheimnisse) …« Die Mythen vergangener Zeiten, die Künstlerkollegen, die ihre Fähigkeiten erkannten, als Mitschamanen? Hilfsgeister zur Bewältigung ihrer Schwierigkeiten hat sie in ihrer Kunst zur Genüge herbeigerufen, Monster und Tiere, die wie bei den sibirischen Schamanen Leben annehmen, um ihrer Herrin zu dienen.

Offen bleibt die Frage, ob Niki de Saint Phalle ohne ihr Ausdruckstalent wirklich in eine »Psychiatrielaufbahn« geraten wäre, wie sie befürchtet hat. Und wenn das verhindert wurde: Wie hat ihr die Kunst genützt? Wurde sie durch das Schießen, durch das Verbildlichen der Aggression wirklich befreit, linderte der Ruhm die Verletzungen? Christa Wolf schreibt in ihrem Tagebuch *Ein Tag im Jahr:* »Wahrscheinlich hat das Zusammenleben mit Gerd (ihrem Mann, die Verf.) und die Intensität und vielleicht auch der Erfolg beim Schreiben ausgereicht, meiner Gier nach vollem Leben Genüge zu tun.« Die Gier nach einem vollen Leben äußerte sich in der Kunst Saint Phalles wie bei kaum einer anderen Künstlerin. Wurde sie dadurch auch befreit? Die zweite Bedingung, die für Christa Wolf in dem beständigen, sie stabilisierenden Zusammenleben mit ihrem Mann liegt, war Niki verwehrt.

Niemand nahm ihr die Demütigungen ab, denen sie allein gegenüber bestehen musste. Zwar blieb die Bindung zu dem Mann ihrer Liebe, zu Tinguely, ein Leben lang bestehen, aber musste sie sich noch heiraten lassen, obwohl Tinguely schon lange mit einer anderen Frau und kurz darauf dem gemeinsamen Sohn lebte? Als Witwe bestimmte sie über dessen Werk, setzte sich, was Nachlassfragen betraf, gegen seine Freunde durch. Dennoch blieb ihr gegenüber einer neuen Geliebten ihres Mannes, einer Konkurrentin in der Kunst, mit der er sich in seinen letzten Ausstellungen gemeinsam präsentierte, wobei er seine Ehefrau Niki bat, sich dort nicht sehen zu lassen, zuletzt nur die Tatsache, vor dem Gesetz mit ihm legitimiert zu sein. Das Denkmal, das sie für Tinguely ermöglichte, das Museum in Basel, wird zusammen mit ihren Werken alle diese dramatischen Lebenskonflikte überleben und das Interesse an ihrer Person wachhalten.

»Die Bardot« (*1934)
Mehr Weiblichkeit geht nicht

Eine unglückliche Kindheit gehört vielleicht dazu, um – welch ein Trost! – den Wunsch und Ehrgeiz auszubilden, später durch besondere Leistung aufzufallen. Und wenn es die besondere zarte Anmut ist, wie bei Brigitte Bardot, die sich als Kind hässlich fand. Eine Anmut, die ihr später als junger Frau eine süße Macht verleiht, sie zu Ruhm und Reichtum bringt.

Obwohl in einer gutbürgerlichen und wohlhabenden Familie in Paris aufgewachsen, ist sie um ihre Kindheit nicht zu beneiden. In ihren Memoiren beschreibt sie die Strenge ihrer Eltern, die sich in einem ständigen Hin und Her zwischen Streit und Versöhnung gegenseitig quälten. In der Nacht hören sie und ihre Schwester Schreie, Schritte und Türenschlagen. Als den Mädchen beim Spielen aus Versehen eine teure Porzellanvase zerbricht, wird beiden, Brigitte ist sieben, die kleine Schwester vier, befohlen, die Eltern von nun an zu Siezen, wie in herkömmlichen Familien in früheren Zeiten üblich. Sie ist dabeigeblieben, auch als die Mutter später wieder um das »Du« bat. Die Mutter überprüfte pedantisch den Sitz der Kleidung und Brigitte entwickelte den Zwang kleiner braver Mädchen, die Unterwäsche fest um den Körper zu wickeln, vielleicht auch, um niemanden an sich heranzulassen. Das Höschen zog sie sich möglichst bis unter die Achselhöhlen. Einen ihrer grundlegenden Wesenszüge schildert sie selbst so: »Ich habe immer, wenn nicht Liebe, so doch menschliche Wärme und Zuneigung gebraucht, was dazu führte, dass ich mich mein Lebtag an jene geklammert habe, die mir diese beinahe lebenswichtige Zärtlichkeit entgegenbrachten.« Dann ist sie dankbar »bis zur Unterwürfigkeit«. So erklärt sich die lange Reihe ihrer Liebhaber. Sie kann auch nicht selbst Schluss machen, behält den einen Geliebten wenigstens so lange, bis ein Ersatz auftaucht. Sie ist unfähig, allein zu bleiben, auch wenn ihre Memoiren gerade diese Zeiten, wenn sie gerade einmal allein gelassen wurde, im Übermaß schildern. »Diese Abhängigkeit – das Bedürfnis nach einer Schulter, einem Arm, einem Körper, der mich nachts wärmte – hat mich einen guten Teil meines Lebens zur Sklavin gemacht.« Mutig schreibt sie dieses Bekenntnis in ihren Erinnerungen auf. Heute würden Frauen darüber den Kopf schütteln, wie man so viel Unselbstständigkeit öffentlich machen kann. Allein die ständig wachsende Zahl von Schönheitsoperationen immer jüngerer Frauen, die ihre Attraktivität auf jeden Fall als wichtigstes Kriterium ihrer Persönlichkeit behalten wollen, sprechen heute eine immer noch deutliche Sprache weiblicher Abhängigkeit.

Die von allen angehimmelte Filmgöttin beschreibt sich als abhängig, klammernd, selbstmordgefährdet, in großer Angst vor drohender Einsamkeit. Man hat den Eindruck, dass sie ihre Filme nur dreht, um überhaupt in einer Gemeinschaft etwas um die Ohren zu haben. »Ich selbst bin mir nicht genug … Meine Persönlichkeit, meine Energie, meine Beharrlichkeit sind dahin, sobald ich mir selbst überlassen bin.« Erst mit ihrem Engagement für den Tierschutz, »den Orden der Tiere«, wie sie es etwas melodramatisch nennt, gewinnt sie ein kleines Stück Unabhängigkeit, das ihr endlich erlaubt, die zuletzt als lästig empfundene Filmwelt hinter sich zu lassen.

Die Unsicherheit, die der Krieg mit sich brachte, Bombennächte und Ängste begleiten ihre Kindheit auch in Paris. Vor allem die Eifersucht auf die jüngere Schwester, die offen bevorzugt wird, quälte sie. Sie trug Brille und Zahnspange und fand sich alles andere als hübsch, obwohl frühe Fotos schon ein normales nettes Mädchengesicht zeigen. Das muss sich jedoch schnell geändert haben, denn mit Fünfzehn ist sie bereits eine strahlende aparte Ballerina und lernt mit Fünfzehneinhalb ihre erste große Liebe kennen, Roger Vadim. Die Eltern sind strikt dagegen, wollen beide trennen und Brigitte bis zu ihrer Volljährigkeit nach England schicken. Erst nach einem Selbstmordversuch durfte sie bleiben und bis zur erzwungenen Hochzeit, mit achtzehn Jahren, bekamen die Eltern nicht mit, dass aus Brigitte eine Liebende geworden war, die heimlich einen Schwangerschaftsabbruch hinter sich hatte. Sie gehen sogar so weit, Brigitte vor den Augen eines von ihnen vermittelten Kavaliers zu verprügeln, als sie einmal zu spät kommt und zu drohen, Vadim erschießen zu wollen, falls er ihre Tochter anrührt. In völliger Entfremdung von ihnen heiratet 1952 eine vermeintliche Unschuld einen nicht ganz passenden Bohemien, der schließlich notgedrungen akzeptiert wird. Brigitte hatte sich längst in das Fotomodell- und Filmgeschäft eingeklinkt, zunächst als anständiges Bürgertöchterlein ohne Gage, dann als eigenständig Geld verdienendes Starlet. Mit sechzehn tanzt sie auf Kreuzfahrtschiffen und im Theater, macht Furore als Titelbild auf Illustrierten und in kleinen Filmrollen.

Vor ihrer Heirat wird sie zu diesen Aktivitäten gelegentlich von ihrer Mutter begleitet, wenige Male, in denen sie mit der Mutter allein ist. Diese schöne Frau war für sie Objekt der Bewunderung und des Hasses zugleich. Anders scheint die Beziehung zum Vater gewesen zu sein, der ihr einige Male Geborgenheit vermitteln kann, vor allem, als sie einmal von ihm mitten im Krieg auf dem Rücken nach Hause getragen wird, fast zwanzig Kilometer von Paris entfernt, weil keine Züge mehr fahren.

Wenn Brigitte Bardot von ihrer ersten Zeit als junger Filmstar berichtet, dann kann man noch nicht ahnen, wie groß ihr Erfolg werden wird. Noch ist alles so mühsam wie bei tausenden anderen auch. Manchmal bekommt sie eine kleine Rolle, oft nicht. Das ändert sich 1956 mit dem großen Erfolg ihres 17. Films *Und immer lockt das Weib*. Inzwischen von ihr getrennt, aber weiter freundschaftlich mit ihr verbunden, schafft Roger Vadim mit ihr eine Kultfigur. Sie behauptet, den Wirbel um ihre Person nicht zu verstehen, ausgerechnet um sie, die seit ihrer Kindheit glaubt, hässlich zu sein, natürlich mit dem Wunsch, schön zu sein, doch immer unsicher und, wie sie behauptet, sogar bescheiden, weil von Selbstzweifeln geplagt. Mit Wimperntusche geht sie ins Bett, damit die Männer sie nicht ungeschminkt sehen. Dennoch gehört sie als einzige Europäerin zu den Filmgöttinnen der 60er Jahre, verehrt auch im omnipotenten Amerika, das sie allerdings konsequent verabscheut. Einmal kommt es zu einer Begegnung mit einer anderen Diva, Marilyn Monroe, die ja auch unter Selbstzweifeln litt und mit Anfang Dreißig glaubte, alt zu werden und den Büstenhalter im Bett stets anbehielt. Ein Empfang der Stars bei der englischen Königin bringt sie auf der Damentoilette zusammen: Brigitte Bardot beschreibt, dass Marilyn »so glücklich und natürlich« aussah, »als wäre sie gerade dem Bett entstiegen.« Sie hätte gerne Persönlichkeit und Charakter mit ihr getauscht. Ob sehr viel anderes dabei herausgekommen wäre?

Als sie hört, dass Marilyn Monroe sich umgebracht hat, ist sie entsetzt und fragt sich, weshalb Wesen wie sie beide, die alle Trümpfe für ein vermeintliches Glück zu besitzen scheinen, sich selbst töten oder es wollen.

Die unglückliche Marilyn hat immer wieder Künstler inspiriert, nicht nur Andy Warhol, nicht nur Norman Mailer, sondern auch Niki de Saint Phalle, die Marilyn 1964, zwei Jahre nach deren Tod, ein Frauenbildnis widmete.

Brigitte Bardot akzeptierte Marilyn bei ihrer beider Begegnung liebenswürdig strahlend, hatte es sonst jedoch schwer mit der Zuneigung zu Menschen.

Obwohl gepackt von Selbstzweifeln, forderte sie von anderen wenigstens die Mühe, nicht hässlich zu sein. Je älter sie wurde, je mehr sie in den unschuldigen Tieren ein alter Ego fand, umso mehr überfiel sie Ekel vor der Menschheit. Ihr Buch ist durchzogen von einem Abscheu vor der Gesellschaft, der auch ihre politische Position prägte. Ihr späterer Mann war enger Mitarbeiter der Rechtspartei der Familie Le Pen, die sie früh unterstützte. Zu ihrem Menschheitsekel passte ihre Weigerung, Mutter zu werden, und als sie es vor ihrer zweiten Ehe nicht mehr schaffte abzutreiben, weil kein Arzt bei ihr als französischem Nationalstar ein Risiko eingehen wollte, bekam sie ihren einzigen Sohn, der allerdings überwiegend bei verschiedenen Kindermädchen und nach der Scheidung beim Vater aufwuchs. Erst als Erwachsener kamen Mutter und Sohn sich wieder näher.

Nach einem ihrer Selbstmordversuche wurde sie in Nizza, wie ein paar Jahre vor ihr Niki de Saint Phalle, ins psychiatrische Krankenhaus eingewiesen, wo sie sogar in eine Zwangsjacke gesteckt wurde. Natürlich trat die Presse ihren Selbstmordversuch sensationell breit. Wieder gab es für sie die Gelegenheit, über die Menschheit zu lamentieren: »Ich habe immer gewusst, dass die Menschheit grausam, boshaft, ungerecht, arglistig, unmenschlich ist; deshalb wollte ich sie ja ernsthaft verlassen …«

In der Unschuld leidender Tiere fand sie einen Ausgleich. Wo immer es möglich war, rettete sie Hunde, Katzen, sogar Esel und Ziegen vor dem Tod. Nach dem Gifttod eines ihrer Hunde heißt es: »Manchmal, wenn ich die unausrottbare Bosheit der Menschen sehe, die den Anflug von Paradies, den zu erschaffen ich mich bemühe, systematisch zerstören … befallen mich dumpfe innere Auflehnung, unermessliche Verzweiflung. Langsam aber sicher begann ich die Menschen wegen ihrer Unmenschlichkeit zu hassen.« Keineswegs zimperlich verhielt sie sich in Situationen, in denen sie sich bedrängt fühlt. Einem Überfallkommando von Paparazzi ergeht es schlecht: »Ich war allein und musste mir selbst helfen. Mit einem Ruck sprang ich hoch und stieß dabei zwei Fotografen, die auf mir herumgetrampelt hatten, in den See. Dann griff ich blindlings nach dem Riemen eines Fotoapparates und schleuderte ihn wie ein Geschoss in alle Richtungen um mich; ich traf Gesichter, Arme, Hände, Schädel, Beine …« Bei solchen Gelegenheiten wuchs ihr Mut genauso wie 1962, als sie durch die Geheimorganisation O.A.S., der Organisation de L'Armée Secrète, bedroht wurde, die Anfang der sechziger Jahre mit terroristischen Mitteln gegen die Algerien-Politik de Gaulles kämpfte. Sie reichte als erste eine Klage wegen versuchter Erpressung bei Gericht ein, trotz aller Angst kuschte sie nicht wie andere Prominente, die stillschweigend gezahlt haben.

1966 kam es zu einer Aufsehen erregenden Verbindung. Diesmal war ihr Lover kein unbekannter junger Nichtstuer, sondern Gunter Sachs, millionenschwerer Weltbürger deutscher Herkunft. Für die Deutschen hatte sie bisher nie besondere Achtung empfunden, sie waren ihr eher unheimlich, schwer zu durchschauen und zu erobern. Die Ehe mit Sachs wurde, wie es schien, von Anfang an nur von ihr ernst gemeint, er nahm sie, wie frühere Püppchen, mit auf Reisen, veränderte jedoch sein Leben überhaupt nicht, nahm auf nichts Rücksicht, betrog sie, konnte aber nicht dulden, dass die Presse auch ihre Eskapaden hervorhob. Die Bardot musste in dieser Beziehung Federn lassen. Mehr oder weniger öffentlich wurde die Ehe geführt, für Gunter Sachs nicht anders möglich, wie Bardot behauptet. Er verwandelte »jede Stunde unserer Tage in Fototermine«, schreibt sie und fügt hinzu: »Schließlich sollten die Armen träumen dürfen!« Ein einseitiger Traum. Zuletzt verschwand er, dennoch wohl informiert durch eine Haushälterin, was während seiner Abwesenheit an lockerem Lebenswandel geschah. Vom endgültigen Bruch las sie dann in einem Brief, in dem sie 1969 verabschiedet wurde wie ein Dienstbote.

Die Zeit der Studentenunruhen 1968 erlebte Bardot als Chaos des Sozialismus. Ihre Angst vor dem Sozialismus vermischte sich mit ihrem Abscheu vor einem »Politporno«. Ausgerechnet das Sexsymbol der sechziger Jahre beschwerte sich darüber, dass sich die Sorbonne »in ein riesiges Bordell« verwandelt habe, dass Sexwelle und Drogen jede Moral zerstörten, »Alarmsignale des Sozialismus«. Und mit dem Abgang de Gaulles betrauerte sie den Niedergang Frankreichs. Sein Tod 1970 war für sie ein Schock.

Nach der Ehe mit Sachs folgte eine lange und würdelose Affäre mit einem jungen Nichtstuer, der sie in eine tiefe Verzweiflung stürzte. Symbolisch wurden seine Sachen von ihrer in die Wohnung seiner Eltern transportiert und wieder zurück. »Mein Leben lang habe ich nur nach Glück gestrebt. Doch immer wieder wurde ich unweigerlich in unerklärliche Hoffnungslosigkeit gestürzt. Wieso? Ich habe keine Ahnung. Unfähigkeit, wie die anderen zu sein, eingeschlossen in mein Universum, darauf fixiert, das Schönste und das Schlimmste nur mit dem zu teilen, der mein zweites Ich ist.« Schutz und Rettungsanker suchte sie bei Männern, dabei war sie es, »die das launische, fordernde Kind in ihnen – den Männern – auch noch hätschelte. Und so ist es leider heute noch …«

Diese Bekenntnisse sind wirklich ein absoluter Tiefpunkt jeglicher Frauenpower! »Dass mir in meinem Privatleben so vieles misslang, ist darauf zurückzuführen, und auf die herzliche, wärmende Nähe meiner Eltern musste ich erst recht verzichten.« 1973 wurde sie »Star im Ruhestand«. Und endlich konnte sie sich ganz den Tieren widmen, dem Kampf gegen die Jagd, gegen verwahrloste Tierheime, bestialische Schlachthöfe, Pelzträgerinnen und Leute, die unliebsame Tiere vergifteten. Ein neues Buch gab ihre Meinung zu vielen Problemen der Gegenwart kund. Madame Bardot hatte auch mit Siebzig immer noch genug Energie, um die Presse zu interessieren.

Wie so viele Filmstars hat sie auf eine ganze Frauengeneration eine andere Wirkung gehabt, als ihr chaotisches persönliches Leben vermuten lässt. Ihre bekanntesten Filme zeigen sie als wildes Geschöpf, von keinem Mann zu zähmen. In *Viva Maria* von 1965, in dem es um die mexikanische Revolution geht, spielt sie zunächst eine anarchistische Hosenrolle und dann eine sehr unabhängige Frau, die sich als weiblicher Don Juan ihre Liebhaber nimmt. Viele ihrer Filmrollen sind ihr auf den Leib geschrieben: Junge haltlose Frauen, die durch ihre naive Lasterhaftigkeit faszinieren. Aber es gibt durchaus einige Filme, auf die sie stolz sein kann, wo sie durch gute Führung eines erstklassigen Regisseurs eine schauspielerische Leistung vollbracht hat, obwohl sie selbst sagt, »nicht allzu viel Schauspielerblut in den Adern« zu haben. *Die Wahrheit* von 1960 unter Henri-Georges Clouzot ist ein solcher Film, ebenfalls 1961 *Privatleben* von Louis Malle, in dem gezeigt wird, wie schwer das Leben als öffentliche Person für die Bardot war, und 1963 *Die Verachtung* von Jean-Luc Godard. Aragon erklärt ihr nach diesem Film, sie habe das Zeug für die Académie Francaise. Mit Roger Vadim, dem Schöpfer des »Typus Bardot« verbindet sie zwar weiterhin Freundschaft, aber im Gegensatz zu anderen Regisseuren hat er eigentlich nichts getan, als in seinen Filmen die Bardot als Körper zu zeigen.

Dass sie und andere Frauen ihrer Generation im Grunde kein Engagement zeigten, um die Emanzipation der Frau voranzutreiben, bleibt trotz der Verehrung, die sie genoss, ein Rätsel, wenn man ihre Memoiren liest. Sie ist schön, allerdings ebenso hysterisch und, ohne einen Mann an ihrer Seite, verloren wie die Großmütter der jüngeren Frauengeneration. An den Stars kann es nicht gelegen haben, denkt man, dass heute Frauen in den Chefetagen sitzen, dass Bildung für Frauen in der westlichen Gesellschaft eine Selbstverständlichkeit geworden ist. Doch der Eindruck täuscht. Selbst ein Star wie Brigitte

Bardot, abhängig von jedem Liebesbeweis, zeigt sich von außen betrachtet als ein Modell, das zwar mit Sicherheit die Gesellschaft nicht weiterbringt, doch als Archetyp einer Nymphe prägend-anarchisch wirkt. Das Frauenbild welches Brigitte Bardot und andere »Sexbomben« ihrer Zeit verkörpern, scheint heute aktuell und allgemein in der Öffentlichkeit angekommen zu sein. Trotz erfolgter Emanzipation wird für Mode und Kosmetik, Styling und Fotos für Instagram-Posts immer mehr Geld ausgegeben. Kleine Lolitas überall mit mehr oder weniger Haut und niemand regt sich darüber auf.

Kluge Leute haben sich über die Bardot Gedanken gemacht. Simone de Beauvoir nennt ihr Buch über sie im Untertitel: »Das Lolita-Syndrom«. Geschrieben wurde es 1959, als der Ruhm der Bardot langsam aber sicher immer höher gestiegen war. Sie analysiert, warum Brigitte Bardot trotz ihres Ruhms so oft abgelehnt wird, und kommt zu dem Ergebnis, dass ihre Egomanie, nur zu tun, wozu sie Lust hat, sich treiben zu lassen, nur sich selbst treu, ihrer eigenen Vorstellung von Liebe als immerwährende Lust und Glückserwartung, einen Affront darstellt. Kein Gedanke an Aufopferung für den Partner, an Mutterschaft oder Bindung an ein Versprechen. Die Amoralität, die Brigitte Bardot nicht nur in Filmrollen, sondern noch mehr im Leben verkörpert, macht sie zu einer gefährlichen Person. Denn bei aller Instabilität ist so jemand nicht zu beeinflussen. Wer außer einem Nymphchen könnte sich das leisten? Beauvoir macht sogar androgyne Züge in der Rückenfigur der Bardot aus, sie ist also eine, die als junge Frau Knabenhaftigkeit mit weiblichen Geschlechtsmerkmalen vereint, was Irritation auslöst. Eine, die sich außerhalb stellt, weil sie nicht innen sein will, nur geliebt, nicht vereinnahmt.

Ihr erster Mann, Vadim, behauptete, jede wahre Liebesbeziehung sei für sie unmöglich gewesen, weil sie nach dem Absoluten, nach Perfektion strebe. In einem Gespräch mit

Vilallonga bestätigt die Bardot dies, glaubt aber in diesem Punkt mit vielen Frauen einig zu sein. Sie will »unbedingt glücklich sein ... mehr als glücklich«, und fällt deshalb immer wieder auf die Nase, denn wo gibt es diesen perfekten Mann, der alles für sie tut, egal, wie launisch sie sich verhält? »Wenn ich zu einem Mann sage, dass ich ihn liebe, dann sage ich es, weil es in diesem Moment der Wahrheit entspricht ... Das will nicht heißen, dass ich am nächsten Tag meine Ansicht nicht ändern würde.« Sie will nicht lügen, und lebt dabei völlig jenseits einer möglichen stabilen Wahrhaftigkeit. Als moralisches Dynamit. So wird verständlich, warum sie Anfeindungen von Menschen ausgesetzt ist, die nicht ertragen können, dass vielleicht jemand so lebt, wie sie es selbst gern tun würden, es dennoch nie wagen.

Mit dieser Haltung geht die Bardot ein in das geprägte Bild einer nicht unbedingt gelungenen, trotzdem gewagten Emanzipation.

Was aber, so kann man sich fragen, macht dieses Frauenbild mit der nachfolgenden Generation, die es, wenn nicht verinnerlicht, so doch aufgenommen hat in ihr eigenes Weiblichkeitsverhalten?

Maria Callas (1923–1977) und Prinzessin Soraya (1932–2001)

Glamourös und verletzlich in die Fantasie von Millionen eingeprägt

Zwei Frauen, die in den 1950er und 1960er Jahren die Menschen wegen ihres Schicksal besonders interessierten, sei es aus Neugier, sei es aus dem solidarischen Gefühl heraus: Egal wie reich und berühmt, Sorgen haben diese Frauen auch.

Maria Callas, als Opernsängerin eine Jahrhundertbegabung, war süchtig nach Ruhm und geliebt werden. Auch ihr vorgeführtes Luxusleben begeisterte ein Millionenpublikum. Die in Amerika geborene Tochter griechischer Eltern, die dann nach Griechenland zurückkehrten, wuchs ohne große Bildung auf, von Anfang an stand die Musik und die Ausbildung ihrer Stimme als einzig Wichtiges auf ihrem Stundenplan. Wie intelligent muss sie gewesen sein, wie leistungsstark. Ein umfangreiches Rollenrepertoire hat sie bewältigt, außer Englisch und Griechisch fließend Italienisch, die Sprache des Landes, in dem sie lange lebte. Französisch sprach sie in der Zeit in Paris, wo sie die letzten Jahre ihres Lebens verbrachte. In Interviews wechselt sie locker von einer Sprache in die andere.

Genau wie bei anderen Berühmtheiten wurde das Privatleben von Maria Callas öffentlich verhandelt, im Gegensatz zu einigen anderen besaß sie ein entscheidendes Talent, mit dem sie punkten konnte. Mit der Kraft und Stärke ihrer Kunst. Eine Stimme außergewöhnlich in ihrer Höhe, ihrem Klang, ihrem Schmelz und zugleich ihrer Härte.

Als junge Sängerin, erfolgreich an den wichtigen Bühnen in Italien, heiratete sie einen italienischen Geschäftsmann, kleiner als sie und 27 Jahre älter, allerdings jemand, der ihr Alltägliches abnehmen konnte und ihre Auftritte managte. Die große

Liebe ihres Lebens wurde Aristoteles Onassis, in Griechenland geboren wie sie, ein ganzes Stück kleiner als sie, einer der reichsten Geschäftsmänner der Welt und begabt mit einem männlichen Charme. Vergeblich hoffte sie, er würde sie heiraten. Für ihn ließ sie sich scheiden. Auch er wurde frei, als seine Frau sich scheiden ließ. Trotzdem gab es mit Maria Callas nur Zukunftspläne, sich ein eigenes Reich auf einer griechischen Insel einzurichten, die Onassis gekauft hatte. Jachtfahrten führten beide um die Welt zusammen mit dem Jet Set aller Länder, doch es gab außer ihr dann andere Trophäen für ihn, zum Beispiel die gerade verwitwete Jacqueline Kennedy, auch an Reichtum und Macht interessiert. Ein Schlag für die Callas, die schon etwas geahnt hatte, aber die Eheschließung aus der Zeitung erfuhr. Lange erholte sie sich nicht, stürzte sich in die Arbeit und versuchte im Beifall und durch die frenetische Verehrung ihres Publikums ihn zu vergessen. *La Traviata*, *Norma* und *Medea* waren ihre Paraderollen. Immer das ganz große Gefühl, besonders ausgeprägt in Wut und Rachsucht. Wer heute Filmdokumentationen anschaut, in denen Maria Callas schlank und reich geschminkt, mit Juwelen übergossen auf den Opern- und Konzertbühnen brilliert, der kann auch jetzt noch erleben, wie stark ihre stimmliche Ausdruckskraft im Einklang mit der wunderbaren Mimik der Künstlerin seelisch anrühren kann. Wut, Verzweiflung und Trauer treffen wie Pfeile die Hörer. Die Leidenschaft, die sie den Heldinnen der tragischen Handlungen anheften konnte, ergreift sogar in der Celluoid-Konserve und gibt den Zuhörern das, was bis in die Tiefen nur Kunst erreichen kann: Innere Wahrhaftigkeit zu spüren. Was sie sang und wie sie sich bewegte, war ganzheitlich überzeugend.

War es später für sie eine Genugtuung, als Onassis, gebeutelt durch Schicksalsschläge – sein Sohn war verunglückt, seine Tochter hatte sich umgebracht, er selbst war durch seine Zusammenarbeit mit der griechischen Junta geächtet sich ihr wieder zuwandte? Jackie Kennedy gab es nur noch auf dem Papier. Krank starb er 1975, zwei Jahre vor Maria Callas.

Auf die Erfüllung durch eine neue Liebe hoffte die Callas noch in ihren letzten Jahren. Wie in der Jugend spielte sie mit Giuseppe di Stefano, früher durchaus Konkurrent in der Gunst des Publikums. Im Älterwerden und der Angst vor dem Verlust der Stimme fanden sie zusammen, er blieb jedoch verheiratet. Mit der Zeit gab es immer mehr Kritik an ihrer Stimme, ihre Darstellungskunst wurde gerühmt. So dachte sie an eine zweite Karriere als Schauspielerin. In dem Film *Medea*, die Figur, die sie jahrelang schon auf der Bühne in der gleichnamigen Oper verkörpert hatte, gab Pier Paolo Pasolini ihr die Hauptrolle. Ein Film, in dem sie nicht sang, aber Zeugnis ablegte von ihrer unglaublichen Intensität. Naiv verliebte sie sich in Pasolini, glaubte, ihn von seiner Homosexualität heilen zu können. So begeistert er von ihr war, er sah in ihr die für ihn wichtige Mutterrolle.

Wer über das Leben von Maria Callas schrieb, tat das entweder als kompetenter Musikkritiker oder als Boulevard-Reporter. In einigen Biografien wird sie schlechter behandelt als in ihren letzten Konzertbesprechungen. Nur das Publikum feierte sie bis zuletzt.

Maria Callas starb mit 53 Jahren in ihrer Wohnung, die Onassis gekauft hatte, in Paris. Es war einsam um sie geworden. Sie betäubte sich mit Tabletten, starb angeblich an einem Herzinfarkt.

Noch zeugt ihre Stimme, noch zeugt die Verehrung eines Publikums, noch zeigt der Pasolini-Film das unglaubliche Ganzheitsgefühl ihrer Kunst. Unzählige Einspielungen auf Schallplatten oder CDs zeugen von ihrer Einzigartigkeit. Auch wenn sie mit ihrer Rolle als Liebende erfolglos blieb. Das teilte sie mit anderen Frauen, die wie sie in der Öffentlichkeit standen.

Ähnlich wie »die Callas« in aller Munde in den Sechzigern und zu Beginn der Siebziger war, wenn auch inzwischen nur noch ein Name, war Soraya, die erste Frau Mohammad Reza Pahlewis, des Schahs von Persien. Kaum eine andere Person hat die Klatschpresse nach dem Zweiten Weltkrieg über viele Jahre derart beschäftigt.

Die Memoiren Sorayas, *Palast der Einsamkeit* in Frankreich 1991, erschienen, dienten als Vorlage für einen Fernsehfilm im Jahr 2003, zwei Jahre nach dem Tod Sorayas. Auch wenn inzwischen neue Prinzessinnenlegenden entstanden sind, wie die von der britischen Prinzessin Diana, war Soraya eine der ersten in der zweiten Hälfte des zwanzigsten Jahrhunderts, die eine breite Öffentlichkeit in Begeisterungsstürme versetzte. Behütete Tochter einer iranischen Fürstenfamilie taucht sie auch nach ihrer erzwungenen Abdankung nie als eine freie, selbstbestimmte Frau in den Medien auf, die sie ja auch hätte sein können: reich, schön, unabhängig. Ein Bild von Selbständigkeit wurde nie mit ihr verbunden, es konnte die Träume von Millionen allenfalls unbewusst erreichen. Jedes mögliche Neidgefühl wurde durch ihr offensichtliches Unglück der Kinderlosigkeit und der erzwungenen Scheidung, Krankheit und Einsamkeit erstickt. Ihr trauriges Gesicht hat mich in meiner Jugend begleitet.

Soraya gehörte dem Hochadel an, gleichermaßen der High Society und dem Jet-Set-Leben verbunden. Es gibt eine enge Verknüpfung zum Leben eines Filmstars. Die sechzehnjährige Soraya wollte nichts sehnlicher als Schauspielerin werden und verpflichtete ihren Vater, falls sie den Schah nicht heiraten wollte oder sie ihm doch nicht als zweite Ehefrau genügen würde, sie nach Hollywood zum Schauspielunterricht gehen zu lassen. Doch weil sie dem Schah gefiel und sie sich auch gleich in ihn verliebte, kam es nicht dazu. Erst nach ihrer Scheidung konnte sie sich ihre Filmwünsche erfüllen, war aber dabei nicht annähernd so erfolgreich wie als traurige Prinzessin.

Sechzehnjährig, jedoch als achtzehn ausgegeben, um den Altersunterschied zum Schah nicht zu stark zu betonen, verlobte sie sich mit einem »Traumprinzen«, sie lebte den Inhalt eines Hollywoodmärchens, statt eine Rolle zu spielen. Und auch ihr weiteres Leben war von einer Dramatik bestimmt, die alle Neidgefühle ihrer Bewunderer zu Mitgefühl verwandelten. Als Tochter eines Iraners und einer Deutschen fühlte sie sich immer zwischen den Kulturen zerrissen: »Für die einen hatte ich zu helle Augen und eine zu weiße Haut, den anderen erschien meine »persische Art« zu stolz – ich fühlte mich allein und einsam. Was wohl für mein ganzes Leben zutrifft«, schreibt sie.

Unter diesem Aspekt verkörperte sie Höhen und Tiefen eines außergewöhnlichen Lebens bei dessen Nachvollzug Millionen sich von ihrer eigenen Existenz hinwegträumen konnten.

Der Schah und Soraya waren ein inbrünstig umschwärmtes Paar im Westen, wie wenig später der amerikanische Präsident John F. Kennedy mit seiner Frau Jaqueline, die ebenso Triumphe der Beliebtheit bei ihrem Deutschlandbesuch feierten. Nach dem Mord an Kennedy und besonders nach ihrer späteren Heirat mit einem der reichsten Männer der Welt, dem Reeder Aristoteles Onassis, vorher mit Maria Callas liiert, war auch Jaqueline eine der Frauen, die wie Soraya Genugtuungstrost und -phantasien entfachte: Reich und prominent, aber alles das nützt nichts.

Die Kritik an Sorayas Kinderlosigkeit, die Furcht, ohne Thronfolger dazustehen, trieb das iranische Kaiserpaar trotz großer Zuneigung auseinander. 1958 wurde ihre Ehe geschieden und Soraya als traurige, alleinstehende Prinzessin bevorzugtes Objekt der Boulevardpresse.

Sie führt ein unerfülltes Jetset-Leben, immer dann wieder im Mittelpunkt der Aufmerksamkeit, wenn ihre Nachfolgerin Farah Diba den Schah bei seinen Auslandsbesuchen begleitete, möglicherweise sogar mit ihrer Kinderschar. Damals schon war ein »Lex Soraya« im Gespräch. Es sollte die Privatsphäre von Prominenten vor der Presse schützen. Erst 2004 wurde ein solches Gesetz durch Caroline von Monaco und Hannover beim Europäischen Gerichtshof durchgesetzt.

Egal, mit wem Soraya sich sehen lässt, selbst als sie über fünf Jahre die Geliebte des italienischen Regisseurs Franco Indovina war und mit ihm zusammenlebte, die Einsamkeitszuweisung wurde sie nicht los. Erst recht nicht nach seinem Tod durch einen Flugzeugunfall. Nicht einmal zu seiner Beerdigung konnte sie fahren, da sie dort seiner Frau und Töchtern begegnen würde. »Das Leben hat mich hintergangen«, schreibt sie.

Es gab zwar ab und zu wieder einen Mann im Leben von Soraya, zwei davon begingen Selbstmord, der Schweizer Bankier Edmond Atar und der Vicomte de Barbot. Auch sie schreibt in ihren Memoiren von ihrer Depressivität und schien einer Mischung aus Schlaftabletten und Champagner nicht abgeneigt gewesen zu sein. Ihr blieb nur der Trost, dass im Iran sämtliche Zeitungen, die über sie berichteten, verboten waren. Soraya, eine schöne Frau, hoch katapultiert auf einen Kaiserthron, reich geblieben und dennoch unglücklich. Stoff orientalischer Märchenerzähler, zum Glück meilenweit entfernt vom normalen Leben ihrer Verehrerinnen, die sie zugleich beneideten und bemitleideten. Pech mit Männern als Schicksal, das ist wahrlich kein feministisches Programm, allerdings im Zeitalter des aufkommenden Feminismus doch als eine Gegenfolie des Familienglücks nicht unerwartet.

Soraya lebte abwechselnd in Marbella und in Paris. Als es still um sie geworden ist, schreibt sie ihre Memoiren und ist wieder im Gespräch. Mit 69 Jahren stirbt sie 2001 in ihrer Wohnung in Paris, ausdrücklich heißt es, eines natürlichen Todes. Mit der Fernsehverfilmung geht sie erneut ein in den Legendenhimmel: Der Film endet mit ihrer Scheidung. Im Bewusstsein der Öffentlichkeit wird ihr ein eigenständiges Dasein verwehrt.

Ihre Nachfolgerin Farah Diba, die dem Schah vier Kinder geboren hatte, wurde wie Soraya eines der beliebten Themen im Boulevard, dennoch nach der Vertreibung der Familie aus dem Iran in die USA war auch sie eine Person, die niemanden mehr interessierte.

Sorayas Vermögen erbte ihr Bruder, der nur wenige Tage nach ihr kinderlos verstarb. Beide wurden nacheinander im Familiengrab in München beigesetzt. Obwohl sie im Testament festgelegt hatte, dass verschiedene gemeinnützige Stiftungen begünstigt werden sollten, falls ihr Bruder kinderlos versterben würde, bekam nach einem Gerichtsverfahren alles sein Chauffeur.

Soraya gehört zu der Generation Frauen, von denen viele – trotz Begabungen, trotz großem Vermögen und persönlichem Erfolg in der Gesellschaft – durch ihr Schicksal als Frau an einer persönlichen Entfaltung und öffentlichen Einflussnahme gehindert wurden.

Doris Lessing (1919–2013)

Alles erlebt, alles gewusst, was wir auch wissen sollten

Eine der berühmtesten Schriftstellerinnen des Britischen Empire und mit ihrem Leben Zeugin vom Kolonialismus bis zum aufkommenden Kommunismus. Sie wurde als Doris May Taylor in Persien geboren, Tochter eines englischen Kriegsveteranen. Mit fünf Jahren zog sie mit ihrer Familie ins damalige Rhodesien und lebte seit 1949 in London. Alle ihre Lebensstationen sind ebenso Thema für Romane wie ihre Liebes- und Ehegeschichten, verbunden mit der historischen Aufarbeitung der Kolonialgeschichte und der Arbeiterbewegung. Sie schrieb eine Fülle zeitgeschichtlicher, gesellschaftskritischer und auf psychologische Themen bezogene Romane.

Es geht um das Leben als Ganzes, das für Frauen eine andere Bedeutung hat als für Männer. Wichtiges Anliegen ist ihr, die Fremdheit zwischen den beiden Geschlechtern zu analysieren.

Beispielhaft für ihre Werke möchte ich mich auf eines konzentrieren, das sich ganz besonders mit der Rolle der Frauen befasst und damit eine Art Bibel für die Frauenbewegung wurde, die seit Ende der Sechziger Jahre des vorigen Jahrhunderts Aufmerksamkeit auf sich zog.

Kaum ein anderes Werk einer weltbekannten Schriftstellerin, die immer wieder auf der Liste möglicher Nobelpreisanwärter gestanden hatte – bis Doris Lessing ihn 2007 endlich bekam –, fand eine so große Verbreitung bei Frauengruppen jeglicher Couleur wie *Das goldene Notizbuch* von 1962. Bis in die neunziger Jahre hinein wurden Sonderausgaben des Buches gedruckt, eine preiswerter als die andere. Die hohen Stapel in den Buchhandlungen, die Besprechungen, die Interviews mit der Autorin in Magazinen und Zeitungen, verleiteten wohl fast jede Frau zum Kauf.

Doris Lessing schreibt in allen ihren Romanen, die oft zu mehrbändigen Zyklen anwachsen, über ihr Leben meist autofiktional, darin der Literaturpreisträgerin von 2022, Annie Ernaux verwandt. Nur etwa fünfzig Jahre früher, was beweist, so unterschiedlich sind die Erfahrungen nicht, auch wenn die Ernaux, 1940 geboren, eine neue Generation verkörpert. Die jungen Frauen ihrer Zeit und die danach hätten sich also schon früher umfassend über das schwierige Leben als Frau, Geliebte, Mutter und Künstlerin oder allgemein Arbeitnehmerin informieren können. Oder haben sie die Probleme im Leben Doris Lessings als die einer Ausnahme-Intellektuellen nicht genug ernst genommen?

Es lohnt sich also den Roman *Das goldene Notizbuch* noch einmal zu lesen und vielleicht dabei die Knoten des eigenen Lebens mit seiner Hilfe zu entwirren.

Um wirklich etwas von einer Lektüre zu haben, genügt es nicht, Seite für Seite nur zu lesen, sondern man sollte in die Struktur des Buches eindringen, sozusagen die Sicht der Autorin einnehmen. Dann erst, wenn man verstanden hat, wie und warum es geschrieben wurde, sollte man es beurteilen und vielleicht kritisieren. Und sein Urteil mit anderen messen und verfestigen oder revidieren.

In diesem Roman finden Leserinnen und Leser sehr verschiedene Meinungen vertreten und werden dafür viele Belege im Text finden.

Warum sitzen in Literatursendungen Experten, meist alle mit akademischen Ehren versehen, und streiten sich trotzdem über Bücher? Eben weil es keine allgemeine objektive Wahrheit darüber gibt, sondern nur eine allgemein zu erarbeitende Meinung. Es ist sehr viel leichter möglich einen gelungenen

Text zu benennen und zu sagen, warum er gut ist, als bei einem schlechten.

Ganz wichtig ist auch bei diesem Roman die einmal gewählte Form, die ja schon im Titel anklingt. Er will ein Notizbuch sein, also etwas Vorläufiges.

Dabei ist der Roman literarisch sehr durchgearbeitet. Genau genommen gibt es nicht eines, sondern insgesamt vier Notizbücher, die ineinander verwoben sind und deshalb dem Roman zunächst eine gewisse Unübersichtlichkeit verleihen. Dazu gibt es noch eine Rahmenhandlung, die auch für sich wie ein Roman gelesen werden könnte. Auch sie ist in ihren fünf Teilen unterbrochen durch die Notizbücher: das schwarze, das rote, das gelbe und das blaue Notizbuch, jeweils in vier Teilen. Erst am Ende steht das goldene Notizbuch vor dem letzten Teil der Rahmenhandlung, die jeweils »Ungebundene Frauen« betitelt wurde. Das goldene Notizbuch stellt sich als eine Art Zersplitterung der vorigen Fragmente dar, erst durch deren Überwindung und Synthese entsteht etwas Neues.

Worum geht es in diesem Buch? Keineswegs um eine feministische Streitschrift, als die es so oft gedeutet wurde. Leitmotivisch geht es um das Thema des Zusammenbruchs, sowohl in der Politik als auch der individuellen Seele.

Vor allem ging es Doris Lessing um die neue Art der Gestaltung eines Romans. Sie wollte keine einheitliche Handlung, sondern auch für sich selbst etwas Neues probieren. Es geht um das Thema des künstlerischen Engagements, um den Weg einer Frau, die zur Schriftstellerin wird, um eine Wiederholung vieler Motive, die schon in ihrem zehn Jahre früher entstandenem Romanzyklus *Martha Quest* auftauchen. Auch hier begegnen die Leser altbekannten Lessing-Stories, sozusagen einem Roman im Roman.

Der erste Roman von Doris Lessing *Afrikanische Tragödie* entspricht sowohl dem Schreiben von Anna, dem Alter Ego von Doris Lessing im *Goldenen Notizbuch* als auch einer erneuten Schilderung im *Schwarzen Notizbuch.* Dort wird versucht den realen Hintergrund für Annas Roman zu schildern. Stilistisch entspricht dieser Teil einem Rechenschaftsbericht. Bei dem *Roten Notizbuch* geht es um Politik, vor allem um die Mitarbeit Annas in der Kommunistischen Partei. Insgesamt fällt es nicht so beredt aus wie die anderen Notizbücher. Im *Gelben Notizbuch* wird in Romanform über private Beziehungen der Hauptpersonen erzählt, es geht um Gefühlskomplexe, Psychoebenen, Analysen über Sex, Affären, Schmerz, also um den Teil, der das Buch in die Abteilung Frauenliteratur verwies. *Das blaue Notizbuch* geht auf die Rahmenhandlung zurück und verfolgt die Ereignisse in Tagebuchform, eingeflochten werden Reflexionen über Psychoanalyse und Kunst.

Das *goldene Notizbuch* am Ende hat zwei Autoren, einmal Anna, die den Zusammenbruch übersteht, und außerdem die Perspektive ihres Geliebten Saul Green, der eine Novelle über einen algerischen Soldaten anfügt, deren Inhalt erzählt wird und damit endet, dass er und auch sein Gegenspieler erschossen werden. Im letzten Kapitel, welches wieder der Rahmenhandlung zugehört, geht es noch einmal um das Thema Zusammenbruch. Anna, verzweifelt durch das Scheitern ihrer privaten und gesellschaftlichen Vorstellungen, bricht zusammen, ist nur noch fähig sich über Zeitungsschlagwörter zu äußern, die schon vorher für den Leser scheinbar unverständlich im Roman aufgetaucht waren. Hier bündelt sich alles, hier erst wird die disparate Handlung verständlich. Der Roman endet damit, die beiden verschiedenen Wege Annas und ihrer Freundin Molly zu schildern: Anna bleibt allein und entscheidet sich gegen das Schreiben, will Eheberaterin werden, während ihre Freundin sich neu bindet, wenn sie auch sarkastisch äußert, es gäbe nichts Besseres, als die genauen Ausmaße des Bettes zu kennen, an das man sich anpassen wird. Der letzte Satz ist ähnlich sybillinisch: »Die beiden Frauen küssten sich und gingen auseinander.«

Doris Lessing ist ein sehr interessantes Experiment geglückt. Nach etwa zwanzig veröffentlichten und hoch gerühmten Büchern schickte die Autorin ihr neues Manuskript wieder an ihren Verlag, diesmal unter einem anderen Namen. Es wurde abgelehnt, ebenso wie bei einer großen Anzahl anderer Verlage. Ein kleiner Verlag wagte es dann, *Das Tagebuch der Jane Soamers* 1983 zu veröffentlichen, und es wurde ebenso wie ihre anderen Bücher in alle Sprachen übersetzt und ein großer Erfolg, obwohl er zunächst nicht ihren Namen trug. Damit wollte sie anderen Autoren Mut machen. Natürlich auch beweisen, dass ihre Romane vom Text her tragfähig sind, nicht etwa nur deshalb erfolgreich, weil das Titelbild ihren bekannten Namen zeigt.

Den Namen Lessing hat sie von ihrem deutschstämmigen zweiten Ehemann behalten, den sie 1945 heiratete, sich nach der Geburt ihres Sohnes Peter scheiden ließ, um 1949 nach England zu gehen. 2013 verstarb sie in London.

Françoise Sagan (1935–2004)

Gefühl der traurigen Fremdheit

Das Wiedereinholen der Jugend durch einen jüngeren Partner ist nicht nur für Männer, sondern auch für Frauen eine Herausforderung. Francoise Sagan hat darüber geschrieben. Gerade ein Altersunterschied zwischen den Geschlechtern und latent immer vorhandene Vergeblichkeitsängste könnten das Gefühl verstärken, das fast alle ihre Romane kennzeichnet, ein zunächst fremdes und doch im Verlauf der Handlung immer mehr vertraut werdendes Gefühl von Traurigkeit.

Nach einem Motto von Paul Eluard hat Francoise Quoirez, die sich selbst nach einer Proust-Figur Sagan nannte, ihren ersten Roman betitelt, der sie 1954 mit neunzehn Jahren berühmt machte: *Bonjour Tristesse.*

Ihr Leben als erfolgreiche Schriftstellerin könnte man als Programm sehen, diesem Gefühl der Traurigkeit versuchen zu entrinnen, bis es sie doch in Form einer handfesten Depression einholt. »Die einzige meinem Wesen gemäße Charaktereigenschaft, die ich an mir entdecken kann, ist die Freude am Vergnügen und am Glücklichsein«, sagt ihre Protagonistin, die siebzehnjährige Cécile. Ein Gegenprogramm zu ihrem ersten Satz: »Ich zögere, diesem fremden Gefühl, dessen sanfter Schmerz mich bedrückt, seinen schönen und ernsten Namen zu geben: Traurigkeit.«

Vielleicht ist es diese Traurigkeit, die der Sagan den Mut und zugleich die Gleichgültigkeit, das »Laissez-faire« gegenüber dem Leben, verliehen hat, das ihr die Möglichkeit bot, unabhängig zu leben wie ein Mann – und das in den fünfziger Jahren. Eine Frau, die Luxus liebt und anstrebt, die Männer wechselt wie ein weiblicher Don Juan und sich nie darum schert, was andere dazu sagen. Doch selbst diese Lebensweise, die sich nur am Genuss orientiert, erspart ihr nicht Gerichtsprozesse, Gläubiger und tiefe Depressionen. Selbst persönliches Ungemach wird mit Nonchalance hingenommen, eine gleichgültige Überlegenheit, die sie bewusst zur Schau trägt.

Heute gelesen, wirkt *Bonjour Tristesse*, das Kultbuch Mitte der Fünfziger, ein wenig pubertär, wer regt sich schon über die ersten sexuellen Kontakte einer Siebzehnjährigen auf, wer kann den Aufstand gegen die Anständigkeit, im Roman verkörpert in der Figur der Anne, die der Vater heiraten will und die deshalb mittels einer kleinen Schmierenkomödie betrogen wird, um sie loszuwerden, wer die Tragik ihres tödlichen Unfalls ernst nehmen. Der Typus, den Sagan mit der kleinen Cécile schuf, war neu, er schien den Existentialistenkellern von Paris entsprungen, gleichzeitig der mondänen Welt der Riviera. Eine reiche, gelangweilte Vorgängerin der Studentenrevolte, die Werte der bürgerlichen Generation wie Leistung, moralische Unantastbarkeit und Ehrlichkeit ablehnte, ersetzt durch Whiskey, Sportwagen und Überdruss. Bei Cécile glaubt der Vater, es sei nicht wichtig, dass sie das Abitur nachmacht, das gerade von ihr, wie von ihrer Erfinderin im wirklichen Leben vergeigt wurde. Es würde sich schon ein Mann finden, der für sie sorgt. Sagan dagegen sorgte, anders als ihre Romanfigur durch ihren großen Erfolg für sich selbst, oft genug für andere. Man sieht sie auf Fotos am Steuer eines Cabriolets – vom Honorar des ersten Buches kauft sie sich einen Jaguar – mit kurzen Haaren, einem Tuch sportlich um den Hals geschlungen, hübsch und burschikos, jedoch keinesfalls wie eine Partylöwin oder ein Jazzkellerfan aussehend, was sie nach eigener Aussage war. Mehr noch als durch die Autorin und den Roman ist die Figur der Cécile durch die Verfilmung des Buches mit Jean Seberg als androgyner Typ voller Traurigkeit und Lebensgier unvergesslich.

Sagan hatte ihre ersten Filmrechte gleich nach Hollywood verkauft, wo Otto Preminger die Geschichte vom süßen traurigen Leben an der Cote d'Azur in Szene setzte. Neben der damenhaften Deborah Kerr, und der Sexbombe Mylene Demongeot, verkörperte Jean Seberg mit knabenhaft geschnittenem Haar die junge Cécile, die aus Angst, ihr bequemes Leben aufgeben zu müssen, ein infames Spiel mit den Gefühlen der anderen treibt.

Sagan scheint von ihrem frühen Erfolg nicht so beeindruckt wie ihre Kritiker. Ruhm, Ehre, Erfolg, alles, was sich junge Menschen wünschen, hat sie so früh bekommen, dass es sie schon bald von jedem Druck befreit, sich weiter zu beweisen. Auch ihre nächsten Freunde scheinen ihre »netten kleinen Romane« nicht so ernst zu nehmen, wie sie es fordert, schließlich verdient sie damit nicht nur den eigenen Lebensunterhalt. Auch wenn sie wirbt: »Ihr braucht für die Lektüre nicht mehr als anderthalb Stunden zu opfern«, weiß sie einfach, wie Sätze wirken, bleibt bei ihrem frühen Selbstverständnis als stilsichere Schriftstellerin, und rächt sich an dem einen oder anderen zu gegebener Zeit. Einmal stellt sie die Armbanduhren ihrer Freunde im Urlaub ein paar Stunden vor und schickt sie statt wie gewohnt mittags, ganz früh morgens an den Strand. Sie selbst bleibt natürlich schreibend im Haus. Die Kehrseite solchen Schabernacks, den Albernheiten und der Genußsucht scheint die Depression zu sein, an der einige der Romanfiguren leiden, aber auch Sagan selbst. Bevor sie selbst von dieser »Geißel der modernen Zeit« geplagt wurde, gibt es im Roman *Ein bisschen Sonne im kalten Wasser*, 1969 erschienen, eine genaue Darstellung dieses Gemütszustandes, der damals noch nicht so in aller Munde war wie heute. Die Frage, wie ein gesunder Mensch, angenehm anzusehen und durchaus wohlhabend, allenfalls unter der Liebe oder unerfülltem Ehrgeiz leidend, in einen Zustand des Deprimiertseins verfallen kann, beschäftigt Sagan immer wieder. Die Traurigkeit der Personen in ihren mit leichter Hand geschriebenen Romanen fällt auf. Und sie selbst versucht eine durchaus angenehme Therapie, nämlich in einem Haus auf dem Land dieser Krankheit zu entgehen, wie die Leute im neunzehnten Jahrhundert, wenn sie es sich leisten konnten. *Ein bisschen Sonne im kalten Wasser* nach längerer Zeit erneut gelesen, steigert bei Sagan die Achtung vor sich selbst. Sogar ein solches Glück ist ihr vergönnt. Überhaupt sollten wir uns an sie, ihrer Meinung nach, nur über ihre Bücher annähern, so wie sie es in ihrem Buch *Mein Blick zurück* 1998 getan hat. Keine Biografie, stattdessen lässt sie ihre Romane Revue passieren und gelegentlich erfahren wir dabei etwas über ihre jeweilige Lebenssituation.

Paris ist reich an Frauen, die in den Sechzigern eine wichtige Rolle spielen sollten. Die sich bei öffentlichen Diskussionen einmischen, wie Sagan 1960 in einer Stellungnahme gegen den Algerienkrieg, 1971 für die Legalisierung der Abtreibung. Nicht nur Simone de Beauvoir, Juliette Greco, auch die ebenfalls wie Sagan 1935 geborene Brigitte Bardot. Die beiden lernten sich schon 1955 in Saint Tropez kennen, dem Ort, der sich vom Fischerdorf zum internationalen Tourismuszentrum entwickelte. Beide messen sich und ihre Lebenseinstellungen in einem Interview, das sie vierzigjährig zusammenführt. Bardot steht vor dem bewusst geplanten Ende ihrer Filmkarriere, Sagan hat ebenfalls ihre großen Erfolge hinter sich, ist aber immer noch eine einflussreiche Schriftstellerin. Beide vergleichen, was ihnen gemeinsam ist – die großbürgerliche Erziehung, die Schnelligkeit des Liebhaberwechsels, – und ihre Unterschiede. Sagan als exzessive Nachtschwärmerin, Bardot eher in ihre Häuslichkeit gebunden, ohne das Interesse der Schriftstellerin an anderen Menschen und ihren Lebensgeschichten zu teilen. Sagan ist wie die Bardot zu diesem Zeitpunkt zweimal geschieden, hat die Ehen mit dem Pariser Verleger Guy Schoeller und dem amerikanischen Keramiker und Übersetzer Bob Westhoff hinter sich. Ihre Literatur wird gelobt, jedoch ähnlich wie die Bardot ist sie sich auch ihrer Grenzen bewusst: »... wenn ich Proust lese, habe ich den Eindruck, dass das, was ich will, und das, was ich kann, nicht das gleiche sind.« Über ihn urteilt sie einmal: »Diese Übereinstimmung von Dichtung und Wirklichkeit ist selten. Ich mag das Fiktive in der Literatur nicht.« Doch wie alle Autoren verwahrt sie sich vor der Gleichsetzung ihres Lebens mit ihren Büchern.

Ebenso wie Brigitte Bardot hat die Karriere der Sagan den ersten Höhepunkt in den Fünfzigern. Und das darauffolgende rasante Leben rächt sich schnell: Ein Autounfall und die Schmerzen, die mit Morphium bekämpft werden, verursachen eine erste Suchtabhängigkeit. Über den unerträglichen Entzug in einer Klinik schreibt sie ein Tagebuch, das 1964 als bibliophiler Druck in Frankreich erscheint, 1966 auch in deutscher Übersetzung. In einer vornehmen Klinik beobachtet Sagan ihre Mitpatienten, schizophren, debil, allerdings alle aus gutsituierten Familien wie sie selbst, vor allem ihre Verzweiflung und langsame Heilung. Sie äußert Angst vor Einsamkeit: »Dann, wenn einmal niemand mehr da ist, den man umarmen kann, und wenn die Einsamkeit nichts anderes ist als eine Arbeit, die niemand von einem verlangt, muss das Leben trostlos sein.« Und sie befürchtet: »Meine Zechgenossen, ihr liebenswürdigen, gutmütigen Begleiter meiner Pariser Nächte, ich werde euch nicht mehr folgen können, von Bar zu Bar, von einem Wagen in den anderen ... Ich fürchte, das geht nicht mehr. Das ist doch trostlos.« Dieser Trostlosigkeit hat sie sich nicht hingegeben, auch wenn sie die Langeweile nie wirklich durch ihr Suchtverhalten bekämpfen konnte: »Die Langeweile, die wahre Liebe, die den Kopf unter den Flügeln versteckt, was weiß man schon davon ...«

Sie wünscht, sich einer Situation ganz hingeben zu können und nicht, wie geschehen, im Theater mit einem Mann zu sitzen und dabei ein paar Reihen vor sich den Mann zu entdecken, den sie liebt und dennoch gleichgültig die Hand des Mannes zu halten, neben dem sie sitzt. Mit dieser Haltung negiert sie eigene Bedürfnisse und bringt sich um intensive Erfahrungen, die mit Drogen ersetzt werden. Später ist sie selten so direkt geworden, sondern hat sich in ihrer Literatur verborgen. Doch als sie am 24. September 2004 an einer Lungenembolie im Krankenhaus stirbt, wird es eigentlich nur ihre Person sein, nicht ihr Werk, die Kultfigur Sagan, der die Nachrufe in allen Zeitungen gewidmet sind. Ihre wichtigsten Buchtitel werden erwähnt, aber längst nicht alle Buchhändler haben auch nur einen davon auf Lager. Sie selbst urteilt über ihre Romane: »Ich brauche mich meiner kleinen Romane nicht zu schämen. Es ist keine schlechte Literatur. Aber ich kann lesen: Proust und Stendhal, das stopft einem den Mund.« Zu einer Zeit, da der »Nouveau Roman« in Frankreich Furore machte, erhob sie keinen Anspruch auf ein hohes Literaturverständnis.

Jede ihrer Extravaganzen erschien in der Presse. Ganz besonders in den letzten Jahren, etwa, als sie 1995 wegen Drogenmissbrauchs zu einem Jahr Gefängnis auf Bewährung verurteilt wurde. Und im Jahr 2002 machte sie wieder Schlagzeilen durch eine Verurteilung wegen Steuerhinterziehung. Dabei wurde sie in den Skandal um die Erdölfirma *Elf Aquitaine* verwickelt, für die sie sich bei dem mit ihr befreundeten Staatspräsidenten François Mitterand einsetzen sollte.

Ihre eigene Biografie hat sie nie geschrieben. In den achtziger Jahren hat sie stellvertretend eine Person gefunden, mit der sie sich vergleichen und über die sie leichter schreiben konnte als über sich und mit der sie sich in einer Rollenvertauschung identifizierte, Sarah Bernhardt.

Sagan beschreibt Sarah Bernhard in ihrer Biografie als Alter-Ego: Eine Frau, die ein ganzes Leben unter Applaus verbracht hat, genußsüchtig, luxuriös, eine »Ohrfeige für alle Lebensweisheiten«, für eine enge Verknüpfung zwischen dem Glück und der Freude daran.

Wie Sagan kam auch Sarah Bernhard aus einer Klosterschule, wo sie sich eingesperrt fühlte, wie in der Generation und in Frankreich noch üblich.

Sagan wählt als fiktive Form einen Briefwechsel, alle Worte Sarahs sind auch eigene: »Kurz, es erging mir wie allen begabten Menschen: Ich setzte mir kein Ziel, sondern ich stellte mir eine Diagnose. Ich beschloss nicht, Schauspielerin zu werden, ich entdeckte, dass ich es war. Alle begabten oder genialen Menschen werden Ihnen bestätigen, dass es sich so und nicht anders abspielt.« Wer so denkt, setzt sich einfach hin und schreibt in wenigen Wochen einen Roman. *Bonjour Tristesse.*

Francoise in einer ihrer Antworten im fiktiven Briefwechsel: »Ich für meinen Teil habe nie reiche Verehrer gehabt (wie Sarah, die Verf.). Die wenigsten sind es gewesen, und, obwohl das für mich eine untergeordnete Rolle gespielt hat – denn wie durch ein Wunder habe ich mir meinen Lebensunterhalt schon sehr früh verdient –, so muss ich doch gestehen, dass mir dies nicht unangenehm gewesen wäre … Glauben Sie mir, ich habe mich den Männern nie überlegen gefühlt, ich bin nie stolz darauf gewesen, mehr Geld zu verdienen als sie …«

Gut verdient hat sie, aber: »Mir ist das Geld immer durch die Finger geronnen …« und es ist ihr gleich, ob es für Spielhöllen, Luxus oder für Bedürftige war, das gehe niemanden etwas an. Ein angenehmes Leben zu führen, war wichtig, sie wünschte dies gerechtigkeitshalber allen anderen auch. Trotz vielen Geldes ist sie oft auf der Flucht vor Gläubigern, auch darin der Bernhard gleich.

Wie Sarah Bernhard kauft sie sich ein Haus auf dem Land und lässt diese stellvertretend sagen: »Ich träumte von einem Leben, wo einen der Alltag nicht von der Glückseligkeit trennt.«

Der erstrebenswerte Erfolg, über den sie Sarah sagen lässt: »Der Erfolg erscheint jenen, die ihn nicht erreicht haben, stets aufregend und beneidenswert«, ist Francoise Sagan angeblich gleichgültig, er dient nur dazu, einem ein Leben ohne Sorgen zu ermöglichen. Dennoch ist genau dieses Leben ohne finanzielle Sorgen eines, das den Lebensüberdruss zu seinem Hauptthema machte und vielleicht damit den Nerv von Millionen traf, die vom Existentialismus beeinflusst waren. »Mit herzlichem Beileid« signierte sie kokett ihre Bücher.

Ein verschenktes Kapitel in der Geschichte des Feminismus.

Angelica Krogmann (1919–1978)

Schriftstellerin

Wer als Autorin oder Autor den Literaturbetrieb der Vergangenheit studiert, lernt Bescheidenheit. Viele Namen, viele Gedichtbände, viele Romane, die in Verlagen erschienen sind, deren Namen recht bekannt sind: *Rowohlt*, *Hoffmann und Campe*, *Ellermann*. Das aber ist alles. Wer die Autoren waren, welche Gedichte sie schrieben und ob ihre Romane noch lesenswert sind – vergessen.

Angelica Krogmanns beste Zeit als Schriftstellerin war die Nachkriegszeit. 1948 erschien *Das Narrenlied* bei *Hoffmann und Campe*. Das letzte Buch, das immer noch gelobt wird, eine Monografie über Simone Weil, veröffentlichte sie 1972 bei *Rowohlt*, dem Verlag, der ihren ersten Roman damals abgelehnt hatte. Die mehr oder weniger pauschale Begründung des 1947 noch in Stuttgart ansässigen Verlages, dass ihr Roman nicht ins Verlagsprogramm passe, sie jedoch weiter Verbindung halten solle, dürfte manchem Autor von heute auch vertraut sein. Immerhin wird ihr klar gemacht, dass der Verleger *Ledig-Rowohlt* an allem, was sie schreibt, Interesse habe. Krogmann ist hartnäckig. Und schickt den Roman weiter.

Sollten Autoren solche Briefe aufbewahren? Angelica Krogmann hat es getan. Noch ruht alles in einem Privatarchiv.

Mein Interesse an ihr wurde während einer Projektarbeit an der Universität über Nachkriegsliteratur geweckt. Mich beschäftigte die Frage, ob die Texte der damaligen Autorinnen nur ein Abbild der Zeit geben oder auch noch als Literatur interessant sind. Eine wirklich schwierige Frage. Ich las mich durch Mengen schlechter Romane, die mir gelegentlich dennoch ein gewisses Vergnügen bereiteten. Und manchmal berührte mich etwas über den Tag hinaus. Dazu gehörte der Roman *Das*

Narrenlied, der die tiefe Religiosität Angelica Krogmanns belegt. Ein Ich-Erzähler berichtet darin in Tagebuchform von Begegnungen in einem Kloster, in dem sich die Fäden einer geheimnisvollen Vergangenheit zusammenziehen. In der Zelle eines dort verstorbenen »Narren« beginnt der Erzähler die eigentliche Geschichte zu schreiben, die alle im ersten Teil vorkommenden Personen von der Gegenwart ins Mittelalter zurückversetzt. Das Thema der Seelenwanderung ist ungewöhnlich im Nachkriegsroman der Bundesrepublik. Häufig jedoch die Form des historischen Romans, der in einer den Einzelnen bedrohenden Zeit spielt. Die Schrecken des Krieges wirken nach, die Gegenwart mischt sich auch als historische Verkleidung ein, eine altertümliche Sprache mag manieriert sein, bietet allerdings in mystisch-poetischer Weise eine Zuflucht. Im *Narrenlied* liegt diese Zuflucht im Leben von Spielleuten, die in den Städten mit dem Bürgertum zusammentreffen, mit Themen wie Inquisition, Pest, Schuld, trotzdem auch Vergebung und Glücksverlangen. Der Narr Wendelin kommt zu dem Resümee: »Sünde ist nur ein Umweg zu Gott«.

Die Sünde der Väter hat Angelica Krogmanns Leben belastet. Sie wurde 1919 als Tochter von Carl Vinzent Krogmann in Hamburg geboren, in eine der großen hanseatischen Kaufmannsfamilien hinein. Dennoch nicht nur das. Nach den Kaufmannsjahren trieb es ihren Vater in die Politik, und da gehört er zu den Bürgermeistern, auf die Hamburger Hansestädter im Nachhinein nicht, wie im Allgemeinen, stolz sind, denn er war Bürgermeister von 1933 bis 1945. Sicherlich hatte er nicht viel zu sagen, da gab es andere Parteigenossen aus Berlin, nach deren Anweisungen er zu handeln hatte. Nach kurzer Zeit wurde der Senat entmachtet und war nichts als eine Marionette des von Hitler ernannten Reichsstatthalters Karl Kaufmann. Aber Carl Vinzent Krogmann bot den bürgerlichen Rahmen. In der Zeit, in der Angelica Krogmann ihren Roman schrieb, saß ihr

Vater im Gefängnis, verhaftet von der englischen Besatzungsbehörde. Auch er schrieb. Erinnerungen, die alles verharmlosten.

Wie hat Angelica Krogmann ihre Jugend in Hamburg verbracht? In ihrem Archiv findet sich wenig darüber, allenfalls Tagebücher, die noch ausgewertet werden müssten. Doch bei dieser Fülle von Aufzeichnungen gibt der Leser irgendwann auf. Tagebücher, voll mit Eintragungen alltäglicher Lebensäußerungen, sind zwar wichtige Archivalien für Historiker, allerdings ermüdend für den Literaturwissenschaftler. Die Schrift der jungen Frau in den eng beschriebenen Kladden ist schwer zu entziffern. Da fällt es leichter, sich mit den getippten Manuskripten, Briefen oder den gesammelten Zeitungsartikeln zu beschäftigen, die viel aussagen über die Sorgfalt und Bedeutung, die Angelica Krogmann ihrer schriftstellerischen Existenz widmete. Schon früh interessierte sie sich für Sprache. 1938 belegt sie eine Vorlesung über Phonetik an der Universität Hamburg. Vom BDM, dem »Bund deutscher Mädel«, war sie aus gesundheitlichen Gründen befreit, doch auch froh darüber, denn sie hatte keine Lust auf das einfache Leben auf dem Land, inmitten anderem »Mädchenvolk«, wie sie es nannte. 1940 ist ein erstes Gedicht von ihr im Hamburger Anzeiger veröffentlicht. *Schönheit und Wahrheit* heißt es und beschreibt in traditionell anmutender Form, wie sich das lyrische Ich im Traum vor einem Spiegel schminkt, wie die »fremde Schönheit« plötzlich erschreckend wirkt und die Frau, die »ich« sagt, sich das Antlitz wäscht, »bis es rein war«. Ist es zu weit hergeholt, dabei an die äußerlich schönen, doch abstoßend-fremd anmutenden Gestalten der nationalsozialistischen Künstler zu denken, die Kunst in den Dienst einer Ideologie stellten? Mit diesen den damaligen gesellschaftlichen Zielen angepassten Künstlern wird Angelica Krogmann im Elternhaus zusammengekommen sein. Ebenfalls weltabgewandt das Gedicht *Sommerzauber*, das 1941 im Hamburger

Anzeiger abgedruckt wird. Dort findet sich auch ein Hinweis auf eine Veranstaltung, ein »Podium der Jungen« im Übungssaal der Musikhalle, das die »Hamburger Gesellschaft für Kunst und Leben« ausrichtet. Die Schirmherrschaft der Veranstaltung hat Frau Emerentia Krogmann, Mutter von Angelica. Man darf vermuten, dass die junge Autorin also für den Start ins literarische Leben gute Beziehungen vorweisen konnte.

Im Gedichtmanuskript befindet sich auch der Hinweis auf ein veröffentlichtes Gedicht, bei dem nicht mehr zu ersehen ist, wo es erschienen ist, der Titel *Meinem Bruder.* »Ostwärts geht der Wind / von der Heimat her / grüßt dich, Bruderkind«. Die Einordnung des Textes deutet auf eine Datierung zwischen 1942 und 1945 hin. Außer schlicht geschriebenen Liebesgedichten sind es weihevolle Texte, viele mythologische Themen wie bei Arethusa, der Nymphe, die vor den Nachstellungen des Flussgottes Alpheios durch das Mittelmeer bis nach Sizilien floh, Ikarus, ein oft benutztes Motiv der Nachkriegszeit, der den gefallenen, gescheiterten Sohn betrauert oder *Sappho küsst Pan.* Die eindringlichen Gedichte sind im Trakl-Stil geschrieben. Dann gibt es auch sogenannte *Ringelnatziaden.* Eine vielseitige Begabung.

Im *Merian*-Heft *Hamburg* von 1948 findet sich ein Text über das zerstörte Hamburg, dort ist ihr Großvater der König John, der von einem Engel Emerentia Bausch besucht wird, der denselben Namen trägt wie ihre Großmutter, seine Frau. Über Hamburg, die Lüneburger Heide und Holstein hat sie mehrfach kleine Skizzen geschrieben, zum Teil in den *Merian*-Heften des *Hoffmann und Campe-Verlages* veröffentlicht.

Angelica Krogmann ging zuerst nach Berlin, dann nach München, in die Stadt, die Hamburg wohl am konträrsten gegenübersteht. Dort studierte sie Theaterwissenschaften und Schauspiel und lernte ihren späteren Mann kennen, Heiso von

Schwanenflügel. 1944 heiraten sie. Er, der Theaterregisseur sein wollte, kam 1948 aus der Gefangenschaft zurück und arbeitete bis zu seinem frühen Tod zunächst als Holzkaufmann in der Firma von Angelika Krogmanns Vater, später bei *Mobil-Öl*. Durch ihn lernt sie die Anthroposophie Rudolf Steiners kennen, eine im Nationalsozialismus verbotene Weltanschauung. Auch eine Möglichkeit, gegen die Eltern zu opponieren. Sie selbst sah immer auch die Gefahr, im anthroposophischen Kreis »unter sich zu bleiben« und öffnete sich anders ausgerichteten Anschauungen. Bei allem blieb sie Hamburger Kaufmannstochter der guten Gesellschaft. Das wird deutlich in einer Auseinandersetzung während der Studentenbewegung. 1974 taucht sie in einem Gedicht *Blankenese 74* des damals kommunistischen Schriftstellers Peter Schütz auf – als »Frau von Schwanenflügel, die als Teil des Establishments plädiert fürs Nullwachstum«. Es entspinnt sich ein Briefwechsel, in dem die Klassenzugehörigkeit deutlich wird. Die Mutter Peter Schütts war »Dienstmagd«, wie er schreibt, »Haustochter«, wie sie es nennt bei den Schwiegereltern von Schwanenflügel. Mehrere Briefe belegen ihre Aufregung. Und sie nimmt Bezug auf den Gewerkschaftsbeitritt des Verbandes Deutscher Schriftsteller, was sie hindert, weiter dort Mitglied zu sein. Sie begründet das jedoch auch mit einem »Mangel an Zeit, Kraft (Fahrgeld) … « sowie einer rapide fortschreitende Sehschwäche.

Ihr Sohn Markus von Schwanenflügel, der im Ruhrgebiet Lehrer an einer Rudolf-Steiner-Schule war und später in Litauen beim Aufbau einer Steiner-Schule half, sagte, dass im Gespräch mit den Großeltern das Thema Nationalsozialismus tabu war. Angelica verurteilte die »grenzenlose Naivität« ihrer Eltern und schwieg um des Friedens willen. Auch mit den Kindern und Geschwistern blieb die Auseinandersetzung darüber auf der Strecke – wie allgemein üblich im Deutschland der Nachkriegsjahre.

Angelica ging zwar nach Hamburg zurück, als ihr Mann in Gefangenschaft war. In dieser Zeit begann sie mit dem Schreiben von Romanen – in welcher Weise ihre Eltern jedoch in die Zeitgeschichte involviert waren, wurde von ihr, wie von vielen ihrer Generationsgenossen, nicht erwähnt. Dem Vater, lebenslang überzeugter Nationalsozialist, warf sie vor, dass er es nicht geschafft hat, sich von seiner Vergangenheit zu distanzieren. Dennoch glaube ich, hat sich diese auch auf ihr Leben ausgewirkt. Einerseits durch Opposition, durch den Wunsch, es anders, besser zu machen. Jedoch könnte ihre Herkunft andererseits auch eine Rolle für ihre Wirkung als Autorin gespielt haben.

In der unmittelbaren Nachkriegszeit war es leichter für sie zu veröffentlichen als später. Wie viele Autoren, die gleich nach dem Krieg Bücher schrieben, war sie stark transzendentiell orientiert und traditionellen Formen verhaftet. Das galt für die Frauen noch mehr als für die Männer, die wie Siegfried Lenz, Wolfgang Borchert oder Heinrich Böll als Kriegsheimkehrer neue Töne in der Literatur anschlugen. Mit dem *Narrenlied*, 1948 bei Hoffmann und Campe erschienen, versucht Angelica Krogmann sich literarisch zu etablieren, denn die Schauspielerei schien ihr im Krieg nicht zeitgemäß zu sein. In einem Essay *Über Kunst*, dessen Ursprünge von 1938 herrühren, heißt es im Februar 1947: »Ich weiß jetzt, warum ich nicht mehr Theater spielen wollte. Weil man dort kein besserer Mensch wird. Und darum muss ich auch das Schreiben aufgeben. Was ist denn Kunst anderes als ein raffinierter Egoismus. Wir brauchen keine Künstler. Wir brauchen heilige Menschen.« Dieses überschwänglich positive Menschenbild bildet sich gerade als Gegenpol nach dunkler Zeit. Angelica interessiert sich für Johanna von Orléans ebenso wie für die moderne »Heilige« Simone Weil.

Ganz aufgegeben hat sie die Schauspielerei nicht. Bald nach Kriegsende gibt es einen Brief, datiert 1. April 1946 an den Schriftsteller und Theatermacher Frank Thiess, der im Original und in Durchschrift in ihrem Archiv liegt, also ihn eventuell nie erreicht hat. Dort gibt sie ihr Rollenrepertoire an und schickt Fotos an den »Sehr geehrten Intendanten«. Damals war sie schon verheiratet und schlug vor: »Meinen prätentiösen Namen möchte ich ablegen, am liebsten zugunsten meines Mädchennamens Angelica Krogmann, den ich gern und mit Stolz, jedoch – es ist besser, Sie wissen das im Voraus – als Tochter des ehemaligen Bürgermeisters von Hamburg und derzeitigen Gefangenen der Militärregierung trage.«

1947 hat sie als »Angelika Schwann« im Hamburger Theater am Karl-Muck-Platz in John Priestlyes *Gefährliche Kurven* gespielt. Seit ihr Mann im Krieg war, lebte sie zwar wieder in Hamburg, aber nicht bei den Eltern, sondern allein in einer Ein-Zimmer-Wohnung im Stadtteil Blankenese.

Als Schriftstellerin wählte sie ihren Herkunftsnamen. Und so sympathisch sie einerseits ihre Selbstzweifel machen, so verunsichernd wirken sie auch. Will sie Kunst machen oder Heiligkeit anstreben? Kein Wunder, wenn diese Haltung sie später weltanschaulich »abgestempelt« hat, für eine ernsthafte Schriftstellerin eine gefährliche Sache. Als dann die Zeit der Studentenrevolte von 1968 Bewegung in die politische Landschaft brachte und endlich auch die Tabus der nationalsozialistisch geprägten Elterngeneration aufgearbeitet wurden, bekam sie den Anschluss nicht mehr. Als Frau von Schwanenflügel gehörte sie zur etablierten Gesellschaft. Als Tochter eines Bürgermeisters, der Parteigenosse der Nationalsozialistischen Partei war, besaß sie nicht die Vergangenheit, deren Nähe Linksintellektuelle suchten, die in den Medien ihre Positionen langsam verfestigten. Das zeigt unter anderem ein Briefwechsel mit

Renate Riemeck, der Pädagogikprofessorin, die Ulrike Meinhoff erzogen hat. Der Kontakt, den Angelica Krogmann zu Renate Riemeck suchte, kam nicht zustande.

1961 war sie 42-jährig früh verwitwet und musste ihre vier Kinder allein erziehen. Für die damalige Zeit ist ihr das auf erstaunlich unkonventionelle Weise gelungen. Die Kinder schälten morgens vor der Schule die Kartoffeln, damit ihre Mutter in der Zeit, in der sie in der Schule waren, ungestört von Hausarbeit am Schreibtisch sitzen konnte. Darin war sie ganz strikt. Sie fühlte sich nicht nur als Schriftstellerin, sondern wollte sich auch politisch einmischen. Lange arbeitete sie im »Arbeitskreis für Elternrecht« und anderen Organisationen. Sie schrieb Rezensionen und Aufsätze für die anthropologischen Zeitschriften *Die Christengemeinschaft* und *Die Drei*. Sie wollte zwar nie ausschließlich für Anthroposophen schreiben – und viele Kontakte, die sie bei Zeitungen und Rundfunk versuchte aufzunehmen, sprechen dafür –, als Mutter von vier Kindern, die alle die Waldorfschule besuchten, war sie dort trotzdem stark eingebunden.

In einem kleinen Artikel des Organs ihrer Standesorganisation, im *Schriftsteller* vom 15. Juni 1965, schildert sie sich als Hausfrau, die für Zeitungen schreiben will und keinen Nachweis hat, um eine Lesekarte in der Staatsbibliothek zu bekommen. Nicht einmal, dass ihre Bücher dort im Katalog stehen, reicht. Eine kleine Satire, die dennoch zeigt, dass sie wieder verstärkt Anschluss an die schreibende Szene sucht. Über ihre Rolle als Schriftstellerin hat sie viel nachgedacht. Am Anfang mit hohem Anspruch und bemerkenswert unlarmoyant. 1951 wird im *Schriftsteller* ein Protokoll über eine Versammlung erwähnt, auf der Angelica Krogmann die Schriftsteller realistisch aufruft, nicht zu jammern, wenn »berufsfremde Elemente« ebenfalls Autorenrecht beanspruchen. Das einzige Mittel, sich zu behaupten sei, erfolgreiche Bücher zu schreiben, die sich am internationalen Markt behaupten können. Sie sollten sich der Regel von Angebot und Nachfrage bewusst sein.

Das Selbstverständnis als Schriftstellerin war ihr heilig, aber manchmal musste sie erleben, sich genau darin nicht akzeptiert zu fühlen. Sie war alles andere als eine einfache Frau. Auf Kritik reagierte sie mit ellenlangen Gegendarstellungen. Wenn man den Briefwechsel liest, den sie mit Verlagen und Verlegern geführt hat, wünscht man sich, sie hätte ihn nicht aufbewahrt.

Familie und Freunde schildern sie als eine Frau, die viele vor den Kopf stoßen konnte. Politisch war sie isoliert mit ihrer Meinung und es gab viel Streit. Sie sagte, was sie dachte, hielt viel von »geistiger Ehrlichkeit« – andere nannten das »erbarmungslos kritisch« – war aber selbst schnell verletzt und reagierte mit Rechtfertigungen. Genau dieses Bild ergeben auch ihre Verlagskorrespondenzen.

Ihre letzte und erfolgreichste Buchveröffentlichung ist eine *Rowohlt*-Monografie über Simone Weil, die Jüdin und Philosophin, die sich einem radikalen Christentum annäherte, 1970 erschienen. Starke religiöse Interessen verraten auch ihre Pläne zur Biografie über Jeanne d'Arc, die Heilige Johanna. Als sie 1973 nach telefonischer Rücksprache ein Exposé darüber an Kurt Kusenberg schickt, antwortet der niederschmetternd: »Ich hatte vergessen, wie schlimm und peinvoll unsere Zusammenarbeit gewesen war … dass ich mir nach Abschluss der Simone-Weil-Monografie geschworen hatte, nie mehr einen Kontakt zu Ihnen zu schließen, schon aus Gründen der Selbsterhaltung« (22. Februar 1973). Er erinnert sich an »fast tägliche Telefonate« und an lange Briefe mit Wünschen, Forderungen, Beschwerden und Drohungen. Schon einmal hat ein Verleger unter ihr leiden müssen, damals war es dazu noch ein persönlicher Bekannter der Familie, der, im Gegensatz zu Kurt Kusenberg, die Höflichkeit wahren musste.

Nach ihrem umfangreichen Roman *Das Narrenlied*, lesbar und anrührend geschrieben, erschien bei *Ellermann* ein Kinderbuch *Das vergessene Haus* 1949. Es geht um ein geheimnisvolles Haus in Blankenese, eine Erbgeschichte, eingebettet in Fantasiereisen eines kleinen Jungen. Dieser hat eine »Tante Klimbim« und in dieser Figur hat Angelica Krogmann wohl viel von sich selbst abgebildet, denn von Beruf ist diese Tante »Dichterin«. Hier kann sie alle Probleme, die dieser Beruf mit sich bringt, äußern. »Leute, die Geschichten schreiben, haben gewöhnlich kein Geld. Nur, wenn sie sehr berühmt sind. Das erleben allerdings die wenigsten. Und wenn sie es erleben, sind sie meist lange tot.« Oder – sie legt es in einen Kindermund: »Vater sagt: Dichter sind alle verrückt.« Und ihre Wünsche werden deutlich, als die Tante, ihr Alter-Ego, eine andere Frau bittet: »Und wenn Sie mir einen Gefallen tun wollen … halten Sie mir die Zimmer sauber. Darum kann ich mich nämlich nicht kümmern, ich muss ja Geschichten schreiben. Können Sie kochen?«

Vor Erscheinen dieses Buches am 20. Juni 1947 – ihr Roman bei *Hoffmann und Campe* ist ebenfalls noch nicht auf dem Markt – schickt ihr Heinrich *Ellermann* das Manuskript mit Bearbeitungsvorschlägen. Sehr ausführlich lässt er sich über Stärken und Schwächen aus, äußert Kritik, auch Anerkennung und »Sorge um das weitere Gelingen«. Als er von seinem Lektor hört, dass sie sich entmutigt fühlt und sogar überlegt, ob sie mit dem Manuskript nicht zu *Hoffmann und Campe* geht, wo ihr Roman erscheinen wird, kritisiert er in einem handschriftlichen Brief ihr »Taktieren« als ihrer nicht würdig:

»… treffen Sie Ihre Wahl und winken Sie nicht mit den glänzenden Eigenschaften anderer Verleger.« Am 24. Juli 1947 liest die »Verehrte Autorin« von einem Desaster und dem Begriff einer Naturkatastrophe im Zusammenhang mit ihr. Er gibt auf und lässt sie gewähren. Dann kommt ein Lob: »Dieser

Teil ist recht hübsch ... geschlossener als der erste Teil«. Er sei froh, durch den Briefwechsel ihre »Naturkraft« nicht gebrochen zu haben. In einem Antwortschreiben, wieder seitenlang eng beschrieben, reagiert sie noch einmal zusammenfassend auf den Briefwechsel: »Trotzdem – verzeihen Sie! bin ich nicht gerade begeistert, wenn ich mich mitten im Schreiben bei der Frage ertappe: Wird Doktor Ellermann damit einverstanden sein? Zwar bin ich auch nicht entsetzt darüber, aber es ist doch eine zweischneidige Sache, wenn man sich während der Arbeit laufend mit seinem imaginär gegenwärtigen Verleger auseinandersetzen muss.«

1954 erscheint bei *Hoffmann und Campe* wieder ein Roman: *Brandt, Damenfriseur*. Eine kuriose Verwechslungskomödie, die in Blankenese spielt und die zusammen mit Büchern von Luise Rinser und Walter Jens in der *Zeit* besprochen wird. In einer Kritik von Paul Hühnerfeld wird Krogmann Erzähltalent bescheinigt, aber der Roman auch als »Pseudo-Heimatdichtung« abgetan. In einer direkten Ansprache an den Leser in jeweils Monologen aus Sicht der einzelnen Personen wird deutlich, dass Angelica Krogmann vom Theater her kommt. Davon zeugt auch die slapstickartige Handlung, die auch deftige sexuelle Anspielungen nicht scheut.

Zusammenfassend lässt sich schließen, dass Angelica Krogmann als vielversprechendes Talent angesehen wird, es ihr auch gelingt, Bücher zu veröffentlichen, sie aber nach einmaliger Zusammenarbeit von Verlegern gemieden wird. Man hat den Eindruck, dass hier eine Frau ihre eigene gesellschaftliche Stellung nicht realistisch einschätzt, sondern auf einem Stolz beharrt, der manchen peinlich ist. In einem Leserbrief in der *Hamburgischen Akademischen Rundschau* von 1946/47 schließt sie mit den Worten: »... aber hören Sie nicht auf, stolz auf ihr Deutschtum zu sein!« Vielleicht richtige Worte, allerdings mit Sicherheit zur falschen Zeit.

In ihren Tagebüchern liegt ein kurzes Manuskript *Pressefahrt Nordsee*. Darin hat sie die für sie charakteristische, vertrauliche Anrede an den Leser verwendet: »... Sie wissen, dass ich halb blind bin und menschenscheu und traurig. Ich habe einfach Angst vor so vielen fremden Leuten ...«

Die Tagebücher erwähnen auch viele Namen, die im literarischen Leben der Nachkriegszeit eine Rolle spielen. Deutlich wird ihre Trennung der Autoren in »Linke« und »Konservative«, zu denen Angelica Krogmann sich zählt. An die bestehenden Kontakte knüpft sie an: 1946 in einer Schrift für die Freunde des Hans Dulk Verlages *Die kleine Madonna von den Segelschiffen*. Durch die Freundin Hilde Des' Art, mit einem Vetter von ihr verheiratet, wird sie ebenfalls Kontakte zur Verlagsszene gehabt haben, da diese verwandt war mit den Inhabern der Druckerei Clausen und Bosse, Leck. Auch mit Vilma Mönckeberg-Kolmar, einer der farbigsten Figuren der kulturellen Hamburger Hautevolee, war sie bekannt. Diese schrieb Bücher wie *Klangleib der Dichtung*, fantasievoll gestaltete Figurinen, gezeichnete Klangformen zum Rezitieren klassischer Gedichte, um die Akzentuierungen hervorzuheben.

Vilma Mönckeberg-Kolmar war eine der wenigen Frauen, die sich im Schriftstellerverband gelegentlich zu Wort meldeten. Auch Ursula Jaspersen war eine Vertraute, die, wie Krogmann, Verbände verabscheute, sondern sich lieber um den »anarchischen« Kreis des Literaturprofessors Karl Ludwig Schneider scharte, später als freie Lektorin bei *Hoffmann und Campe* und freie Redakteurin im Rundfunk arbeitete, bevor sie Psychoanalytikerin wurde. Sie veröffentlichte Gedichte und galt ebenso wie Angelica Krogmann als Talent.

Alle diese Frauen, die es nach dem zweiten Weltkrieg schafften, im öffentlichen Leben zu stehen, ja, die sogar gebeten wurden, etwas zu schreiben, verschwanden kurz darauf als Hausfrauen in ihren Familien. Die Idee, Ehe, Studium und Beruf zu verbinden, war nicht in ihren Köpfen. Auch für die Schriftstellerinnen besaß die Berufstätigkeit nach dem zweiten Weltkrieg oft nur Interimscharakter. Die Verlage suchten Manuskripte und machten es ihnen zunächst leicht.

Plötzlich waren sie nicht mehr gefragt, es wurden neue Stimmen gesucht. Während sich einige weiter behaupten konnten, wie Elisabeth Langgässer und Marie-Luise Kaschnitz, fielen die meisten einem Generationswechsel zum Opfer. Denn den mehr gefragten realistischen Schreibweisen konnten sie nicht entsprechen. Inhaltlich und formal dachten und schrieben sie traditionell, manchmal noch im Anklang an die dreißiger Jahre. Der neue Ton, der Kritiker und Publikum aufhorchen ließ, entwickelte sich erst um 1952, als auf einer Tagung der Gruppe 47 die beiden jungen Frauen: Ingeborg Bachmann und Ilse Aichinger für Aufsehen sorgten. Das gebildete Bürgertum, aus dem viele der Schriftstellerinnen stammten, gewährte ihnen leicht eine Rückzugsmöglichkeit in Ehe, Besitz und geistige Zirkel. Die aus dem Krieg heimkehrenden Männer verdrängten sie in den künstlerischen Berufen ebenso wie überall sonst. Das Motiv des Verzichts klingt in einigen Romanen an. Die viel gelesenen Romane von Elisabeth Schucht erleben Neuauflagen: Jedes Mal am Ende geht es ums Verzichten eines Teils des Lebensglücks. So auch im *Narrenlied* von Angelica Krogmann. Der Verzicht als Thema von Romanen aus der Nachkriegszeit scheint mir sehr zum Vergessen zu passen, dem viele der Schriftstellerinnen anheimgefallen sind. Und das frustrierte diese umso mehr, da sie zunächst von der neu aufblühenden Verlagsszene nach dem Krieg hofiert wurden.

Aus heutiger Sicht scheint es leicht, den Vorwurf zu erheben, dass in der Nachkriegszeit der Bruch mit der Vergangenheit zu spät oder gar nicht vollzogen wurde, die Chancen der »Stunde null« vertan wurden. Verständlich wird, den Bezug auf die »ewigen Werte« oder das »klassische Erbe«, um den »guten Deutschen« der »grausamen Bestie« oder dem Mitläufertum entgegenzustellen. Genau diese Haltung ist Autorinnen wie Angelica Krogmann zum Verhängnis geworden. Ein großer Teil ihrer Korrespondenz beweist das, denn sie hat sich bemüht, an ihre frühen Erfolge anzuschließen. Wie viele persönliche Anteile an diesem Misserfolg schuld sind, wird niemand herausfinden können, sicher ist aber, dass die Zeitläufe sich ihren Bemühungen entgegenstellten. 1978, in demselben Jahr wie ihre Eltern, starb sie allein zu Hause in Blankenese, vermutlich einen Herztod. Eine schnell abbrennende Kerze, nicht glücklich, leicht erregbar. Es ging ihr nie darum, recht zu haben, sondern um eine sachliche Wahrheit, die aus kritischer Gesamthaltung erwuchs, wie ihr Bruder Richard Krogmann sie charakterisiert. Wehmütig erinnert er sich an eine große Schwester, die »Leben in die Bude« brachte und keine künstlerische Mühe scheute, um die Familie mit eigenen kleinen Theaterinszenierungen zu amüsieren.

Dorothee Sölle (1929–2003)

Obwohl Dorothee Sölle in der ganzen Welt herumreiste und in vielen Ländern arbeitete, hatte sie doch ihre Familie in Hamburg, und dies war der Ort, an den sie gern zurückkehrte, wo in Othmarschen ein ruhiges Haus mit Garten auf sie wartete. Auch in ihren letzten Jahren fuhr die über Siebzigjährige kleine Dame mit dem nervösen Augenzwinkern gern zu Vorträgen, plante neue Publikationen und Reisen zu Familie und Freunden, die zum Teil in Übersee lebten.

Sie war eine der ersten Theologinnen der Gegenwart, die in Deutschland über die Grenzen ihres Fachgebietes hinaus bekannt wurde. Und das, ohne jemals in diesem Land eine Professur bekommen zu haben, ohne im Pfarrdienst zu stehen und somit ohne die Chance, eine der ersten Bischöfinnen zu werden, die in Norddeutschland die lutherische Kirche vertreten. Die akademischen Strukturen haben dies verhindert, denn sie hatte zwar Theologie studiert, den für eine Professur üblichen Weg nicht einhalten können. Doch nach wie vor war sie eine der bekanntesten Integrationsfiguren des politischen und feministischen Engagements von Kirchentagen und Diskussionsforen.

Dorothee Sölle wurde 1929 in Köln geboren, stammte aus dem Bildungsbürgertum und bekam eine »kirchenferne« Erziehung. Ihr Vater war ein hochgebildeter, liberaler Jurist. Wichtig war nicht, ob man zur Kirche ging, sondern dass man den Nationalsozialismus ablehnte. Auschwitz und die Folgen wurden für das Denken und Fühlen Dorothee Sölles bestimmend.

Sie wuchs in Köln auf und studierte unter anderem in Göttingen Theologie. Seit der Professur, die ihr zweiter Mann in Hamburg erhielt, war sie Wahlhamburgerin.

Von New York aus und ihrer dort 1975 erlangten Professorentätigkeit, in den Jahren 1977 bis 1987, kam sie immer wieder nach Hamburg, um das halbe Jahr mit ihrer Familie hier zu leben. 1981 erhielt sie das Stipendium des Lessing-Preises für ihr Engagement, Denken und Schreiben, das Hamburg vergibt. 1994 wurde sie Ehrenprofessorin der Universität Hamburg, eine Auszeichnung, die sie sich vielleicht anders, auf regulärem Weg, gewünscht hatte. Es fällt auf, dass sie sich in ihren Schriften Gedanken darüber macht, warum es ihr niemals gelang, in Deutschland auf einen ordentlichen Lehrstuhl berufen zu werden. Die Antwort gab sie selbst: »Links und eine Frau, das geht zu weit.« Frauen ihres Jahrgangs wurden noch keineswegs selbstverständlich Pfarrerinnen wie junge Frauen heute. Bischöfinnen waren noch undenkbar. In den fünfziger Jahren konnten die Frauen froh sein, an den Universitäten geduldet zu werden. Außerdem hatte Dorothee Sölle nicht den üblichen theologischen Studienweg beschritten. Sie wurde nach dem Staatsexamen 1954 für sechs Jahre Deutsch- und Religionslehrerin in Köln-Mühlheim. Brotarbeiten, um ihren Mann, der freiberuflicher Maler war, und ihre drei Kinder zu ernähren. Gleichzeitig betrieb sie weiter theologische und literaturwissenschaftliche Studien, arbeitete an verschiedenen Universitäten. 1964 erfolgte ihre Scheidung, 1971 habilitierte sie an der Philosophischen Fakultät in Köln, schaffte es jedoch erst im zweiten Anlauf. Mit ihrem ersten Habilitationsvortrag fiel sie in der »Männergesellschaft« durch. In ihren Erinnerungen *Gegenwind* schreibt sie: »Ich habe studiert, promoviert, wollte immer etwas mit der Sprache machen, also schreiben, öffentlich reden, lehren, predigen, Menschen überzeugen.« Das konnte sie nur leisten, weil andere Frauen sie in ihrer Erziehungsarbeit unterstützten: Mutter und Schwiegermutter.

Als sie 1975 die Stelle als Professorin für Systematische Theologie in New York am liberalen Union Theological Seminar bekommt, ein für den emigrierten Paul Tillich 1938 eingerichteter Lehrstuhl, wurde sie immer wieder gefragt, warum ihr diese Karriere in Deutschland versagt blieb. In einem Radiogespräch von 1986 machte sie dafür, außer der Verspätung durch Familie und Kinder, auch ihre Art des Schreibens verantwortlich, die nicht unbedingt wissenschaftlich ist: »Das ist natürlich auch die andere Art des Schreibens, die ich suchte. Ich will nicht ein Buch durch unnötig viele Fußnoten belasten, ich will nicht mein Wissen dokumentieren, sondern meinen Denkprozess.«

Die Enttäuschung, in Deutschland keine ordentliche Professur bekommen zu haben, blieb eine Kränkung für sie, sie musste darüber sprechen, jedes Mal, wenn sie in Gesprächen danach gefragt wurde, jedes Mal, wenn sie einen Erfolg an den Universitäten und bei christlichen Befreiungsbewegungen in der Neuen Welt feiern durfte. Ein Prophet gilt nichts im eigenen Land, so scheint es hier.

Nach ihrer Scheidung von ihrem ersten Mann hatte sie die für ihr weiteres Leben entscheidende Begegnung mit dem Benediktinerpater Fulbert Steffensky, ihrem späteren Mann. 1968 begannen fast gleichzeitig mit der Studentenrevolte an den deutschen Universitäten die von ihnen beiden initiierten »Politischen Nachtgebete«, zunächst auf dem Katholikentag in Essen, später dann in Köln. Für eine größere Öffentlichkeit in Deutschland der Anlass, dass Dorothee Sölle eine Berühmtheit wurde. Christin und Marxistin zugleich, so bezeichnete sie sich. Man fragte sie: Bist du Marxistin? Ihre Gegenfrage lautete: Putzt du dir die Zähne? Für sie war eine Verbindung von Christentum und Marxismus in den siebziger, achtziger Jahren selbstverständlich. Für die modernen politischen Märtyrer der Kirche in Lateinamerika gibt es eine liturgische Feier, in welcher der Name genannt wird und dann die Anwesenheit festgestellt wird: »Presente«. Sie würde den Namen von Karl Marx anfügen und mühelos »Presente« sagen (N.Y. Tagebuch). In einem Gespräch mit Günter Gaus sagt sie, dass wirklicher Atheismus für sie der Glaube an die Nicht-Veränderbarkeit der Menschen ist. Eine Bekehrung, eine Umkehr, eine Veränderung sei möglich, so klingt es beschwörend durch alle Bücher Dorothee Sölles. Erst nach dem Mauerfall 1989 musste sie, wie alle, ihr Bild vom Marxismus revidieren. Dem Begriff »demokratischer Kapitalismus« war sie bisher ausgewichen, schreibt sie, musste ihn jedoch nun in ihr Denksystem aufnehmen. Mit ihrem treffsicheren Sinn für Schlagworte sprach sie lieber vom »Endsieg des Kapitalismus.« Der Zwangsapparat in der DDR wurde ihrer Meinung nach nicht nur durch den Kapitalismus, sondern auch durch die Demokratie bezwungen: Sie erkennt an, dass nicht nur die Bananen, Italienreisen, freies Unternehmertum gewählt wurden, sondern auch Pressefreiheit und Respekt vor den Menschenrechten. Jetzt kam der Zeitpunkt, an dem Dorothee Sölle feststellte, dass Abrüstung, gerechte Löhne und Freiheit wichtige Forderungen bleiben, die Leiderfahrungen dadurch keineswegs weniger werden. Hat sich ihr politisches Weltbild verändert, seit der Kapitalismus dazu beigetragen hat, dass totalitäre Systeme gestürzt wurden? Sie glaubte schließlich jahrelang, ein Staatssozialismus könne Hoffnung für entrechtete Völker sein. Nein, Sölle blieb engagiert, blieb Predigerin, denn es erwies sich klar für sie, dass hemmungsloser Kapitalismus eine Gefahr für alle bedeutet. Der Traum von einer gerechten Welt wurde nie ausgeträumt – auch wenn sich die Theologin, ohne das politische Engagement aufzugeben, in den letzten Jahren neuen, auf das Fach konzentrierten Aufgaben widmete: Sie schreibt über Jesus und Mystiker, über Menschen, die das Göttliche in sich leuchten lassen und dadurch zu Revolutionären werden. Die neue Zeit wird auch die Rolle der Kirchen verändern, so Sölles Utopie, die 1991 von einer Kirche im Jahre 2000 träumt, in der so etwas wie Basisdemokratie verwirklicht wird. Diese Träume sind bevölkert von spirituell orientierten Frauen, die alles andere als »Konsumis« sind, sondern aktiv für ihre Mitmenschen und Umwelt eintreten. Die Bischöfinnen fahren Intercity und nicht im Mercedes mit Chauffeur. Nichts mehr von Autoritäts- und Machtallüren. Kein Elitedenken. Eben ein Traum.

Aus der Zeit ihres Engagements für die unterdrückten Völker in Lateinamerika wusste Sölle, dass es auch einen anderen Menschentyp gibt: Sadisten, Folterer, Machtmenschen, kleine Chefs, die nach oben buckeln und nach unten treten und die nicht einfach verschwinden. Die alle Träume immer wieder zunichtemachen.

Dorothee Sölle hatte lange Jahre einen verzweifelten Mut aufgebracht, sich mit den menschlichen Schattenseiten zu beschäftigen. *Leiden* heißt eines ihrer Hauptwerke. Christus, der Leidende ist es, der in uns ist und mit uns fühlt, wenn wir leiden. Egal ob es um Frauen geht, die unter einer patriarchal geprägten Kirche leiden, um die Sorge für Kriegsopfer oder in totalitären Regimen Verfolgte, um Engagierte bei »Amnesty International«, in Friedenbewegungen oder ökologischen Gruppen, Dorothee Sölle ist immer auf der Seite derer, die Recht einfordern, nie derer, die glauben, recht zu haben. 1998 erschien ihr Buch *Mystik und Widerstand.* In diesem »und« liegt ihr Lebensprogramm, sie ist offen für mystische Erfahrungen, sieht die Mystiker immer auch in einem Widerstand zur Welt begriffen. Zu Beginn des Buches schildert sie ein Gespräch mit ihrem Mann Fulbert Steffensky, Professor für Religionspädagogik, der zum Protestantismus konvertierte und dem das Buch gewidmet ist. Er war immer wichtigster Partner und zugleich Gegenpart, an dem sie sich maß, der ihr Denken weitertrieb und wieder in die Realität zurechtrückte. Seiner Zurückhaltung gegenüber einer »Mystikgier« in der heutigen Zeit musste sie sich stellen. Er spricht lieber von »Spiritualität«, die im Alltag verankert ist. Hier setzte Dorothee Sölle an: Sie will die Einmaligkeit mystischer Erfahrung demokratisieren, wie sie schreibt. »Ohne Mystik könnte ich nicht leben«, und: »Aus der Ökumene habe ich gelernt, dass das Bekenntnis zum Gott des Lebens immer den Widerstand gegen die Mächte des Todes einschließt.« Konsequent geht sie ihren Weg von der widerständigen Theologin zur Mystikerin.

Kaum jemand ist so geeignet wie sie, Bücher zu schreiben, die niemandem verpflichtet sind, nicht der Institution Kirche, da sie keine offizielle Stellung dort innehat, nicht der Theologie, da sie auch hier freischwebend wirkte und nicht ihrem Ehemann und Lebenspartner, der ihr unabhängiges Denken schätzte. »Compañero« nennt sie ihn zärtlich in einem ihm gewidmeten Gedicht. Ihr wurde bewusst, welches Geschenk diese Partnerschaft für sie ist, als ihr eine alleinstehende Freundin klar macht, dass sie immer jemanden hat, der sie unterstützt und mit dem sie alle ihre Probleme bereden kann. In einem Interview bekannte sie, dass sie in ihrem Leben viel mit Eifersucht gekämpft hat, mit Verlustängsten, dass sie von Natur aus aggressiv war, fähig zum Hass, zum Ekel, zur Verachtung. Wenn man etwas von ihr lernen kann, dann bestimmt die Ehrlichkeit sich selbst gegenüber. Eine Begegnung mit Dorothee Sölle zeigte immer eine Frau, die, ohne aufzutrumpfen, kämpferisch für das eintritt, von dem sie überzeugt ist, auch menschlich. Eine Freundin, die mit ihr in einer Friedensgruppe engagiert war, erzählt, wie sie beeindruckt war, dass Dorothee Sölle auch Wut aushalten konnte. Nach dem Besuch der Hochzeit des geschiedenen Mannes dieser Frau, rief Sölle diese an, um ihr zu zeigen, dass sie nicht ausgeschlossen sein sollte. Und wurde angeschrien. Beschuldigt, durch die Teilnahme an der Trauung die andere verraten zu haben. Dennoch hat es dieser Frau gutgetan, dass jemand an sie dachte. Und dem Verhältnis hat es nicht geschadet. »Mir imponierte die Bescheidenheit, mit der uns die berühmte Theologin gastlich bediente, als unsere Friedensgruppe sich bei ihr traf«, sagte sie und hütet noch heute einen Brief, den sie in schwieriger Lebenssituation von Dorothee Sölle erhielt. Schwierige Situationen aushalten, Streit konstruktiv erleben und wenden, das konnte Sölle.

»Was wärst zum Beispiel du, Dorothee, ohne meine Bedächtigkeit, was wäre meine Bedächtigkeit ohne deinen Pfeffer? In der eher kleinbürgerlichen Umgebung, aus der ich stamme, hat man übrigens nicht gestritten«, sagte ihr Mann Fulbert Steffensky in einem gemeinsamen Interview. Und: »Während deine Familie immer sehr lustig gestritten hat. Selbst bei Beerdigungen gab es Streit. Das geht. Streiten heißt doch: Auseinander sein, um wieder zusammenzukommen.« Auch über das ewige Leben, der Domäne der Theologen, haben die beiden Eheleute unterschiedliche Vorstellungen. »Ich glaube ja an das ewige Leben. Es geht weiter. Ich bin dann ein Tropfen in diesem Meer ...«, sagt Sölle im Interview mit dem Deutschen Allgemeinen Sonntagsblatt 1998, wo es um Glücksvorstellungen geht. Steffensky antwortete ihr: »Auch ich muss nicht wissen, was mit mir passiert. Aber ich kann wissen, dass ich nicht in eisige Abgründe stürze, sondern in der Hand Gottes bleibe.« Dorothee Sölle: »Aber warum opponierst du gegen das Bild des Meeres? Ich bin darin nicht verloren, ich habe Anteil am Ganzen.«

Eine der Methoden Dorothee Sölles war der Vergleich. Sie aktualisierte die Geschichten der Bibel, indem sie von damaligen Zuständen auf heutige schließt. Manchmal sind es auch geschichtliche Vergleiche, vor allem mit der Zeit des Nationalsozialismus, für die Sölle Befremden erntet. »Diesmal soll keiner sagen, er habe es nicht gewusst«, diesen Satz bezieht sie nicht nur auf Auschwitz, wovon die Elterngeneration behauptet hat, nichts zu wissen, sondern auch auf die Stationierung von Atomwaffen oder auf ökologische Katastrophen wie die Klimaveränderung. Wie einer der alten Propheten macht sie auf die

Mißstände aufmerksam, rüttelt am Gewissen ihrer Zuhörer und Leser und riskiert es, für naiv gehalten zu werden, nicht im intellektuellen Sinn, sondern in ihrem positiven Menschenbild, das sie trotz allem verteidigt. Kirchliche Kreise haben manchmal Schwierigkeiten mit ihren religiösen Interpretationen, die gelegentlich nicht weit entfernt von New Age-Positionen sind. Sie preist die Schönheit der Schöpfung und stellt fest: »Der Pantheismus ist nicht eine gefährliche Pseudoreligion, sondern Ausdruck unseres Bezogenseins auf Gott«. »Atheistisch an Gott glauben«, heißt eines ihrer Bücher.

Heinrich Böll war ein enger Freund von ihr, sie schildert eine kleine Szene, in der eine Freundin das Bild von Böll küsst, in der Meinung, es sei Dorothees Mann Fulbert. Eine Ähnlichkeit, die ihr von vielen bestätigt wurde. Gemeinsam mit Böll engagierte sie sich. Wegen der Sitzblockade gegen die Stationierung der Pershing 2-Raketen in Mutlangen wird sie verurteilt, zu zehn Tagen Haft oder 2000 DM.

Dorothee Sölle denkt und fühlt öffentlich. »Ich möchte versuchen, mich so sehr wie möglich mitzuteilen. Das ist auch eine Form der Hingabe. Ich will nicht irgendetwas von mir zurückbehalten, was meinen Privatbereich betrifft. Ich kann das ekelhafte Wort »Intimbereich« nicht leiden. Wenn ich nicht teilen kann, was ich bin, dann ist auch das Teilen von anderen Dingen nicht das wirkliche Teilen, nicht die wirkliche Hingabe ... Jemanden zu lieben ... ist ein pausenloser Vorgang der Abrüstung.«

Erst durch die Begegnung mit amerikanischen Feministinnen widmet sie sich der feministischen Theologie, gemeinsam mit ihrer Freundin, der Theologieprofessorin Luise Schottroff, die sie schon kannte, seit sie beide im Schüler- und Freundeskreis von Rudolf Bultmann studierten. In *Gegenwind* schreibt sie. »Es dauerte eine Zeit und bedurfte vieler Schwestern, ehe wir den Sexismus als einen – oder den – Knackpunkt für die falsche Theologie, die falsche Universitätsstruktur, die falsche Einteilung des Lebens erkannten.«

Sölle veröffentlichte mehrere Gedichtbände. In ihren Gedichten spricht sie recht unverschlüsselt von den Leiden, Freuden und politischen Zuständen, es sind Anreden, Aufschreie, Anklagen, Bitten, ja Gebete. In New York führte sie ein Tagebuch, äußert sich darin auch über eine Krise des Gedichtschreibens, fühlt ein politisches Burnout, glaubt, die Form des Gedichts, die sie schreibt, »reicht nicht mehr zu«, sie will sich nicht wiederholen. Gedichte sind zu sehr Momentaufnahmen. In einem Gespräch mit ihrem Gedichtverleger Wolfgang Fietkau sagte sie: »Ich schreibe erst ein Gedicht, und dann denke ich: Ach, das müsste man vielleicht noch mal in Prosa Schritt für Schritt entwickeln. Der Kern ist eigentlich sehr stark im Gedicht und die Auseinandersetzungen erfolgen mehr in der Prosa.« Zum Beispiel geht es ihr im New Yorker Tagebuch darum, »das Graue, Armselige« auszuhalten. Positive Äußerungen macht sie lieber in der Sprache des Gedichts. »Loben, ohne zu lügen«, heißt ihr letzter Gedichtband. Ihr war der von Martin Buber geprägte Begriff der »Theopoesie« wichtiger als alle Theologie.

Oft flicht sie kleine Gedichte in ihre theologischen Texte ein. In ihrer an Bertold Brecht orientierten Form glaubt sie, deutlicher zu sein. Gedichte schreiben – wünschen – beten und hoffen, dass die Bitten gehört werden. Poetisch ist sie auch in ihren religiösen Deutungen. Für sie war der Zweifel »ein dunkler Bruder des Glaubens. Man kann nicht wirklich glauben, wenn man nicht zweifelt.« Die Bibel war für sie voller Widerstandgeschichten, »voll von Geschichten von der Stärke der Schwachen«. Christsein hieß für sie: »… im Widerstand leben gegen die herrschende Kultur.«

Mit über siebzig musste sich die kleine Frau, die ihr Leben lang gern »flink« gewesen ist, allmählich an mehr Langsamkeit gewöhnen. Die Mystik beschäftigte sie nach wie vor. Und nach der *Mystik des Widerstandes* wollte sie noch eine *Mystik des Todes* schreiben. Für sie bedeutete der Tod ein Verlöschen der Individualität in einem großen Meer göttlicher Einheit. Eher buddhistisch sind ihre Vorstellungen vom Tod. Eine individuelle »Auferstehung des Fleisches« ist ihr fremd, wie oben in dem Gespräch mit ihrem Mann erwähnt. Sie geht ihren eigenen Weg, sie »demokratisiert«, und dabei können ihr vielleicht mehr Christen folgen als bei ihren früheren politischen Protesten.

Die Familie war Zeit ihres Lebens zentraler Bezugspunkt. Die ältere Tochter, die lange unter Epilepsie litt, lebte in Bethel. Einer der großen Wünsche wurde ihr erhört, als es ihr besser ging. Auch die Bedrohung durch Atomwaffen ist nicht mehr so unmittelbar Ende der 90er und zu Beginn der 2000er Jahre. Den Wunsch, nicht alt und hinfällig zu sterben, teilt sie mit fast allen Menschen. Sie hat voller Dankbarkeit Versöhnungen erlebt, sie war froh, dass zu ihrem ersten Ehemann und dessen jetziger Familie gute Kontakte bestanden, alle zusammen bildeten eine »harmonische Großfamilie«. Nur ihr Wunsch nach einem Domizil im Süden konnte sich nicht verwirklichen. Sie starb, wie sie lebte: Nach einem Vortrag klappte sie zusammen, es blieb ihr erspart, alt und hinfällig zu werden.

Simone de Beauvoir (1908–1986)

Intellektueller Klatsch

»Ich habe mit dem kleinen Bost vor drei Tagen geschlafen – natürlich habe ich es ihm vorgeschlagen«, schreibt Simone de Beauvoir an Jean Paul Sartre am 27. Juli 1938, als sie sich mit Jacques-Laurent Bost, einem Schüler Sartres, auf einer Wanderreise befindet. Nein, sie kann nicht warten, um ihm dieses Geständnis mündlich im Café zu machen. Sartre muss alles sofort wissen, so wie auch er sie an allen seinen amourösen Abenteuern schriftlich teilhaben lässt. Was sie reden, schreiben sie sich und was sie schreiben, wird anschließend wieder durch gekakelt, alles nachzulesen im ersten Roman der Beauvoir *Sie kam und blieb*, der 1943 nach einigen früheren vergeblichen Romanversuchen endlich zur Veröffentlichung gelangt. Und mit Bost ist schon ein lebenslanges Mitglied der »Familie Sartre-Beauvoir« erwähnt, zu der auch die junge Russin Olga Kosakiewicz gehört, die Bost später heiratet. Olga ist die erste von vielen Geliebten Beauvoirs, hinter denen auch Sartre her ist. Wie ein Abhängiger und fast von Sinnen, wenn sie ihn zurückweist. Wie es zugeht, ist im Roman nachzulesen. Viele der Dialoge geben ein einprägsames Bild des Superpaares.

– Treibe sie (Olga, die Verf.) nicht zum Äußersten, riet sie. Sie tut sich sonst noch etwas an.

– Ach, die ist zu feige dazu, sagte Pierre (d. h. Sartre, die Verf.).

– Wenn sie sich auch nicht umbringt, meinte Francoise (d. h. Simone, die Verf.), so geht sie doch vielleicht nach Rouen zurück, und ihr Leben ist verpatzt.

– Sie soll tun, was sie will, stieß Pierre zornig hervor. Aber jedenfalls schwöre ich, dass ich es ihr heimzahlen werde (…).

– Du kannst dir nicht vorstellen, fuhr Pierre jetzt sanfter

fort, wie reizend sie neulich zu mir war. Sie war ja gar nicht verpflichtet zu dieser Komödie der Leidenschaft. Seine Stimme wurde hart. Sie besteht nur aus Koketterie, aus Launen und aus Treulosigkeit. Sie hat sich nur aus nachträglichem Hass mit Gerbert (das ist Bost im Roman, die Verf.) eingelassen, nur um der Versöhnung zwischen uns jeden Wert zu rauben, um mich zum Besten zu haben, um sich an mir zu rächen. Und es ist ihr sogar geglückt, aber sie soll dafür büßen.

– Höre, sagte Francoise. Ich will dich nicht hindern zu tun, was du für richtig hältst. Aber versprich mir eins: sage ihr nicht, dass ich alles weiß.

Die Ängste, die Pierres Besessenheit bei Francoise auslösen, lassen die fiktive Handlung im Roman bis zum Mord gehen. Im Leben bleibt Olga ihnen in Freundschaft erhalten, verkuppelt sogar ihre kleine Schwester an Sartre. Alle bleiben loyal, nur gegenüber der nächsten Eroberung nicht, die nur zu gern zur »Familie« gehört hätte, aber dort keine Aufnahme gefunden hat, dafür ein paar Jahre lang Gesprächsthema werden wird, nicht auf die netteste Weise. (Beauvoir im Tagebuch: »Wir reden auch über Bianca, über Wanda – wir wundern uns ein bisschen darüber, wie Bianca bei uns an Wertschätzung und Zuneigung eingebüßt hat …«).

Das Mädchen, Bianca Bienenfeld, die später ebenfalls einen Schüler Sartres, Bernard Lamblin, heiratet, verfällt erst in eine stürmische Liebe zu ihrer Lehrerin Simone de Beauvoir, bevor ihr Sartre die Jungfernschaft nehmen darf. Und rächt sich mit *Memoiren eines getäuschten Mädchens.* Ihre Verführung durch Sartre beschreibt sie wie etwas Mechanisches, etwas, das nach Programm vollzogen wird, ohne jede emotionale Wärme, ohne die Liebenswürdigkeit, die Sartre eingesetzt hatte, um zu seinem Ziel zu gelangen. Wie das aussehen konnte, hat seine spätere Geliebte Dolorès Vanetti geschildert: »Er hatte eine

Art, einen zu lieben, die absolut einzigartig war: Alles, was er besaß, setzte er ein, sein ganzes Wissen; er gab sich völlig hin, um einem zuzuhören, einen zu verstehen, zu lieben. Seine ganze Intelligenz, seine ganzen Talente bot er auf, und schließlich fühlte man sich unwiderstehlich von ihm angezogen.« So also hat der kleine hässliche Mann die schönsten jungen Frauen verführt.

Im Unterschied zu der kapriziösen Olga und zu Wanda, die ihre Rolle wohl eher als Verführerinnen, denen der Hof gemacht werden sollte, begriffen, denn als leidenschaftlich Abhängige, brach Bianca Bienenfeld unter der bald einsetzenden Vernachlässigung beinahe zusammen. Sie liebte Beauvoir wohl mehr als Sartre, wollte ihr vielleicht durch Sartre nahe sein. »Ich achtete nicht auf seine Hässlichkeit, es schmeichelte mir, dass ein Mann wie er sich um mich bemühte.« Als sie eine Psychoanalyse bei Jacque Lacan macht, wird ihr klar, dass sie in beiden Vater und Mutter gesucht hat, Rollen, denen Beauvoir und Sartre sich trotz »Familie« entsetzt verweigert haben, denn das widersprach ja jedem ihrer Gesetze über freie Liebe. Und je entfernter sich beide emotional von Bianca empfinden, umso mehr wird sie sexuell ausgenutzt, bis das Spielzeug nicht mehr reizt. Sie wird mit ihrer »unerbittlichen Präsenz« von Beauvoir auf Abstand gehalten, sie schreibt Sartre, dass sie ihr erklärt habe, sie selbst müsse zum Mittelpunkt ihres Lebens werden. Und da jede Äußerung des Vorzeigepaares nicht nur in Fiktion, sondern auch in Lebensdokumenten sichtbar gemacht wurden, können wir erleben, dass es bei dem großen intellektuellen Paar des 20. Jahrhunderts auch nicht anders zuging als in den Klatschspalten von Illustrierten oder Trivialromanen.

Vor über hundert Jahren wurde Simone de Beauvoir geboren und ist dank zahlreicher Biografien – unter anderem der von Alice Schwarzer – und zahlreicher Neuausgaben ihrer Werke wieder in aller Munde, unbestreitbare Kämpferin für eine neue Rolle der Frau, eine der ersten, die Wesentliches dazu beigetragen und alle Hasstiraden und Verleumdungen mehr oder weniger gelassen ausgehalten hat. *Das andere Geschlecht* ist bis heute ein Standardwerk, über das Kritikerinnen urteilen: »Was Besseres dazu wurde bis heute tatsächlich nicht geschrieben.« (Julia Voss in *FAZ*, 30.11.07).

Eine eigene Autobiographie als Quelle schöpferischen Tuns zu nutzen, haben mehr weibliche Künstler schon immer unverschlüsselter getan als ihre männlichen Kollegen. Auch Simone de Beauvoir. Alle ihre Romane haben einen Bezug zu ihrer Biografie, selbst ihre Essays über Existentialismus, Marxismus oder die Rolle der Frau in der Gesellschaft, behandeln Themen, die sie selbst betrafen. Schon als junges Mädchen hatte sie sich der bürgerlichen Welt ihrer Eltern verweigert und gegen deren Strenge rebelliert, wenn auch oft nur heimlich. Der Vater nimmt ihr übel, dass sie die typische Frauenrolle nicht annehmen will, stattdessen auf einem Beruf beharrt. Das erste Mal erlebt die von Liebe Verwöhnte, wie ihre Eigenständigkeit ihr auch Feindschaft einbringt. Sie ist sehr ehrgeizig und selbst an der École Normale Supérieure und später der Sorbonne gehört sie zu den besten, nur Jean Paul Sartre, der neue Gefährte, schneidet bei Prüfungen besser ab. Ein Paar, das unkonventionell lebt, aber trotz anderer Beziehungen immer in einem engen Einverständnis. Zu Anfang machen beide Verträge, einen Pakt, der ihnen einen Schutzraum innerhalb von Gemeinschaften gibt – eigentlich auch wie in einer Ehe – und zweimal im Leben verlängert wird. Bald schon wird ihr Zusammensein eine für andere uneinnehmbare Festung. »Die Anderen«, wechselnde Geliebte Sartres, auch der bisexuell orientierten Simone de Beauvoir, mussten oft »die Kosten tragen«, wie sie es nennt. Hier liegt auch postum einer der größten Kritikpunkte am Paar Beauvoir/Sartre: Dass sie andere Menschen, die ihnen beiden verbunden waren, in Briefen aneinander verächtlich machten, durchaus im Bewusstsein, dass diese einmal veröffentlicht werden würden. Beauvoir spielte dabei Katz und Maus mit einigen Geliebten Sartres, zu denen sie lesbische Beziehungen unterhielt, die sie allerdings nie offen zugab. Kein Wunder, verlor sie doch 1943 ihre Stelle als Lehrerin aufgrund einer Denunziation. Dadurch entstand jedoch eine Schieflage: hier Sartre, der erstaunlich unansehnliche Frauenheld, dort Beauvoir, ein Blaustrumpf, von Feinden »La Grande Sartreuse« genannt. Den »pädagogischen Eros« haben beide recht wörtlich genommen, da es meist ehemalige Schüler und Schülerinnen waren, die sie in ihre »Familie« aufnahmen. Sartre entflammt von schönen Frauen, ohne eigene Liebhaberqualitäten einsetzen zu wollen oder zu können, eher »Frauenmasturbierer als ein Beischläfer«, Beauvoir von einer Triebhaftigkeit, die sie vielleicht auch seinetwegen ein Leben lang im Verborgenen gehalten hat. Die Vertragsfreiheit in Sachen Bindung, Sartres Aufforderung zur Polygamie, hat auch sie ausgenützt, mehr als bekannt wurde (»Ich habe nicht alles gesagt, über meine Sexualität.«). Muss sie ja auch nicht. Die geschwisterlichen Liebkosungen, die zwischen Sartre und ihr bald vorherrschten, waren ihr jedenfalls ebenso wenig genug wie die heißen Nächte mit jungen Frauen. Sie sehnte sich nach eigener voller Leidenschaftlichkeit, die sie mit dem amerikanischen Schriftsteller Nelson Algren durchlebte, den sie 1947 auf einer USA-Reise kennenlernte. Außer Vortragstätigkeiten sollte die Reise dem Treffen mit einer Geliebten Sartres dienen, die ihr gefährlich geworden war. Die gefiel ihr zwar, doch sie verliebte sich dann schnell mit großer sexueller Leidenschaft in Algren, gestand, mit 39 Jahren den ersten Orgasmus erlebt zu haben. Auf Dauer ließ sich diese Liebe aber nicht mit ihrer Beziehung zu Sartre vereinbaren. Einer der kritischen Zeitpunkte im Leben des Paares: Sartres Geliebte Dolorès Vanetti wollte ihn nicht teilen,

Nelson Algren, ebenfalls nicht eindeutig erwählt als Lebenspartner, wollte das Hin und Her ebenfalls nicht mitmachen und verband sich wieder mit seiner geschiedenen Frau. Um die Gemeinsamkeit zu retten, mussten Opfer gebracht werden, sowohl von Sartre als auch von Beauvoir.

Unzerstörbare Grundlage ihrer Beziehung war eine gegenseitige Bewunderung und Akzeptanz. Je mehr sie sich gemeinsam als Paar stilisierten und erhöhten, je mehr sie sich, mittels Verträgen einander versicherten, umso gemeiner, bösartiger konnten sie einzeln gegenüber anderen sein, vor allem Beauvoir, die als Frau im reaktionären Nachkriegsfrankreich mehr zu verlieren hatte. Und ein Stück doch verloren hat, wenn man bedenkt, dass Sartre seine letzte Geliebte Arlette Elkaim Anfang der 50er Jahre zunächst heiraten wollte, um ihr die Aufenthaltsgenehmigung in Frankreich zu ermöglichen, nach Beauvoirs Protesten sie »nur« adoptierte und damit nach seinem Tod 1980 zur Erbin machte, da kein Testament existierte.

Beauvoir beschreibt den jungen Sartre als überlegen, besessen von seinen künftig zu schreibenden Büchern. »Ich hatte mich für etwas Außergewöhnliches gehalten, weil ich mir mein Leben nicht ohne Schreiben vorstellen konnte: Er lebte nur um zu schreiben.« Es geht nicht um Gegenüberstellung, sondern um Einverständnis, Verwandtschaft, Doppelgängertum, wobei dies auch für Sartre gilt – »Sie sind ich«, schreibt er ihr, obwohl Beauvoir sich ihren Platz an seiner Seite immer wieder gegen Rivalinnen erkämpfen musste. »Es sind eben die besonderen Qualitäten von Simone de Beauvoir, die dazu führten, dass sie in meinem Leben einen Platz eingenommen hat, der keinem anderen Menschen zugänglich ist«, bekennt er in einem Interview 1977 in der *Zeit*. In Gesprächen, die Beauvoir mit Sartre 1974 in Rom führte, wo es auch um seine Beziehungen zu Frauen geht, bleibt ihr die Genugtuung, dass ihn zwar das

Äußere an Frauen immer sehr anzieht, dass die »Qualitäten, die ich von den Frauen verlangen konnte, die ernsthafteren Qualitäten«, allein von ihr erfüllt worden sind.

Von Jugend an hatte Beauvoir den Wunsch, ihr eigenes Leben mitzuteilen und zu dokumentieren. Sie beschreibt darin das Leben einer von Anfang an geglückten autarken Existenz. Sie schildert sich als erwünscht und mit Nachsicht behandelt, zumindest als kleines Kind. Ihre »extreme« Veranlagung, von sich selbst und anderen die äußerste Anstrengung zu verlangen, leitet sie daraus ab. Sie schreibt zum Abschluss ihrer Memoiren über den »Anspruch, den ich von Anfang an erhob und den ich nie aufgegeben habe, den Anspruch, bis zum Äußersten für meine Wünsche, Weigerungen, Handlungen und Ideen zu kämpfen. Man fordert nur, wenn man darauf rechnet, von den anderen und sich selbst zu erlangen, was man gefordert hat: Nur durch Fordern erreicht man es.« Dabei riskiert sie, dass Fordern nicht nur sympathisch macht.

1958 erschienen die *Memoiren einer Tochter aus gutem Hause*, 1960 *In den besten Jahren* und 1963 *Der Lauf der Dinge*. Ein vierter Band erschien 1972 *Alles in allem*. Als Begründung für dieses gewaltige Unternehmen schreibt sie: »Ich wollte mich existent machen für die anderen, indem ich ihnen auf die unmittelbarste Weise mitteilte, wie ich mein eigenes Leben empfand: Das ist mir in etwa geglückt … Nichts anderes wünschte ich mir.« Neu war, dass eine Frau selbst sich in den Mittelpunkt stellte, sich sogar aufdrängte, der es nur um sich selbst ging, vor allem auch im Verhältnis zu anderen. Simone de Beauvoir wurde eine bedeutende Galionsfigur für Feministinnen, vor allem durch ihr ungewöhnliches, für viele vorbildhaftes Verhältnis zu Sartre. Generationen von Frauen, die durch Küche und Kinder ins Haus verbannt waren, träumten davon, wie Beauvoir mit einem Partner gleichberechtigt im Hotel zu leben, frei von häuslichen Verpflichtungen, in geistiger Arbeit verbunden. Das für Sartre und Beauvoir legendäre Hotelleben gaben sie allerdings nach dem Zweiten Weltkrieg auf und zogen in getrennte Wohnungen. Was konstant blieb, war das Caféhaus als Ort des Treffens und Arbeitens.

Der »Andere« bleibt für Simone de Beauvoir bei aller Bezogenheit ein fremdes, oft feindliches Gebiet: »Ich liebte Landschaften, die menschenleer schienen, ich liebte Kulissen, die mir die Gegenwart von Menschen verbargen …« Zumindest als junge Frau, beeinflusst vom Existentialismus, will sie das Subjekt sein, um das die anderen als Objekte kreisen, »widerwärtige, lächerliche oder spaßige Personen, die keine Augen hatten, mich zu sehen: Ich war der einzige Blick.« Die pfeilscharfe, analysierende Beobachtung, der didaktische Doppelpunkt der Conclusio, blieb ihr denkerisches Markenzeichen, damit faszinierte sie die anderen, von denen Olga die erste war, die ihr die Erkenntnis brachten: »… andere existierten genauso wie ich und mit gleicher Evidenz.«

Der Umgang mit dem Alter verrät viel über sie. Mit diesem Schicksal konnte sich Beauvoir bis zuletzt kaum abfinden. Mehrere Bücher in den sechziger Jahren behandeln das Thema, eine Herausforderung für Gläubige und noch mehr für Atheisten wie sie. Das Thema Alter wird für sie, ebenso wie im *Anderen Geschlecht* die Rolle der Frau, zum Anlass der Entmystifizierung. »Als Frau wollte ich speziell die Situation der Frau erhellen; selbst an der Schwelle des Alters stehend, hatte ich Lust, zu wissen, wie die Situation des alten Menschen genau aussieht«, schreibt sie in *Alles in allem.* Schonungslos dokumentiert sie es bei sich und anderen, bei Jean Paul Sartre den Verfall eines Genies. Mit ihrer letzten Lebensgefährtin, Sylvie Le Bon – nach dem Modell von Sartre ihre eigene Adoptivtochter und heute Nachlassverwalterin, wie bei ihm Arlette Elkaim – sitzt sie mit ihm bei den Mahlzeiten, ohne mit ihm zu sprechen. Gegen Ende von Sartres Leben kühlte sich das Verhältnis doch ab, denn Sartre arbeitet unermüdlich mit seinem jüngeren Sekretär Pierre Victor, der auch noch eine Beziehung zu der Adoptivtochter einging und so Sartre von Beauvoir abschottete. Noch nach Sartres Tod spielt sie das Hohe Paar und gibt in Interviews Auskunft über ihre Beziehung. Er habe ihr noch auf dem Totenbett gesagt, wie sehr er sie liebe und sei dann entschlafen, schreibt sie. Erst später wird enthüllt, dass sie gar nicht bei seinem Tod dabei war, sondern seine Adoptivtochter Arlette Elkaim, die Erbin seines Nachlasses. Einer der vielen Verratsmomente, die das Vorzeigepaar sich bei aller Zuneigung und aufeinander Bezogenheit lieferte.

Ist das Experiment einer gleichberechtigten Partnerschaft geglückt? Taugt ihr Modell zur Nachahmung?

Ja, es ist geglückt, weil es kaum möglich ist, einen der beiden ohne den anderen zu erwähnen oder mitzudenken.

Nein, weil der Eindruck entsteht, dass beide unbedingt wollen, dass sie bis zum Ende des Lebens als Paar gehandelt werden, ihren Pakt erfolgreich abschließen und diesem öffentlichen Wollen alles andere unterzuordnen.

Ein Mann, der nach jungen aparten Frauen giert, eine Frau, die viele Impulse in sich unterdrückt. Ja, im Geist und nein, im Fleisch? Wie in vielen traditionellen Ehen auch? Und wie ein traditionelles Ehepaar teilen sie das Grab auf dem Friedhof Montparnasse in Paris.

Marion Gräfin Dönhoff (1909–2002)

Namen, die keiner mehr nennt, *Um der Ehre willen*, *Menschenrecht und Bürgersinn* – Gräfin Dönhoffs Buchtitel sprechen von dem besonders großen Verantwortungssinn der großen Journalistin und Publizistin. Ihre Erinnerungsbücher an Kindheit und Jugend in Ostpreußen und vor allem an die am Widerstand des 20. Juli 1944 Beteiligten haben schwierige Themen unsentimental und mit viel Feingefühl wieder in die öffentliche Diskussion gebracht.

Marion Gräfin Dönhoff war eine der ersten, welche die Vertreibung aus dem Osten zum Thema machte. Ihre bewegenden Erinnerungen von ihrem Ritt durch die vom Krieg bedrohten Ostgebiete, die Schilderungen der Flüchtlingsströme gehören zum Eindringlichsten, was zu diesem Thema geschrieben wurde.

Zugleich zeigt sich die politische Journalistin in einem Brief an den Bruder Dieter vom 27. September 1941 als poetisches Talent: »… das Fallen der Blätter, die blaue Ferne, der Glanz der herbstlichen Sonne über den abgeernteten Feldern, das ist vielleicht das eigentliche Leben. Solche Bilder schaffen mehr Wirklichkeit als alles Tun und Handeln – nicht das Geschehene, das Geschaute formt und verwandelt uns.« Später begreift Marion Gräfin Dönhoff ihr Schreiben vor allem als politisches Handeln.

»Nach Osten fuhr keiner mehr«, heißt das erste Kapitel ihres Buches *Namen, die keiner mehr nennt*. Gemeint ist ein Eisenbahnzug, den die Gräfin, schon nach wenigen Tagen, erschöpft von der Flucht, im eisigen Januar 1945, wieder in Richtung Osten, nach Königsberg besteigen wollte, um auf dem heimatlichen Schloss Friedrichstein die Russen zu erwarten. Zum Glück fuhr kein Zug, denn sonst hätten wir keinen solchen Bericht. Nüchtern, wahrheitsgetreu, ohne Anklage sind ihre Worte über die Schrecken, denen sie begegnet. Eine Zeugin des Jahrhunderts, von der wir zum Glück viele schriftliche Zeugnisse über viele weltgeschichtliche Ereignisse besitzen.

Über ihre Lebenseinstellung verrät sie viel in einer kleinen Schilderung, die ebenfalls aus dem oben genannten Buch stammt. Schon während ihres Studiums in Frankfurt, als Hitler die Macht ergriff, wusste sie, dass ihre Heimat Ostpreußen verloren sein würde. »Und doch lebte man so, als ob, als ob alles so weiterginge. Bei jedem Haus, jeder Scheune, die wir bauten, jeder neuen Maschine, die angeschafft wurde, pflegten wir Geschwister zu sagen: Die Russen werden sich freuen. Obgleich man also von der Sinn- und Zukunftslosigkeit des Ganzen überzeugt war, wurde die Gegenwart genauso wichtig genommen wie je.

Mit dieser Einstellung ist es einem Menschen möglich, große Schreckenszeiten zu überleben und vielleicht sogar über neunzig zu werden. Eine zu bewundernde Haltung des »Dennoch«, die Fähigkeit, immer wieder neu zu beginnen, ohne bloß auf das Vergangene, Verlorene zu schauen und zu klagen, also die Resilienz, ist eine Stärke dieser Frau.

Marion Gräfin Dönhoff personifiziert die Emanzipation der Frau im 20. Jahrhundert wie kaum eine andere, lange vor der Emanzipationsbewegung der Sechziger und ohne eine »Emanze« zu sein. Studium und berufliche Selbständigkeit. Befreundet mit Staatsmännern. Bewundert von Männern und Frauen. Nur in einer Beziehung steht sie hinter anderen Frauengestalten, die das Jahrhundert prägten, zurück: im konsequenten Verschweigen ihrer libidinösen Neigungen und dem Erleben leidenschaftlicher Verwicklungen. Das ist »zu privat«. Wo sich Lücken auftun, wächst die Neugier. Ihre Biographien haben diese Lücke respektiert. Alles Private lässt Haug von Kuenheim weg, um dann doch mit der Kindheitsgeschichte zu beginnen, deren Privatheit unverfänglich ist. Selbst Alice

Schwarzer, die *Emma* Herausgeberin, bleibt, was das Privatleben der bewunderten Berufskollegin betrifft, in verehrungsvollem Abstand, dennoch gelingt ihr ein farbiges Bild dieser Frau, außerdem ein politisches Lehrbuch über die jüngste Geschichte Deutschlands.

Als Augenzeugin hat Marion Gräfin Dönhoff die letzten Wochen Ostpreußens beschrieben. Die große Tragik der Vertreibung blieb es bis heute, im Nachkriegsdeutschland nie richtig aufgearbeitet worden zu sein. Dönhoff war bei der letzten Konfirmation im Dorf, wo sie als Gutsverwalterin arbeitete. Sie sieht die Jungen, die kurz darauf fallen würden, Mädchen, denen grauenvolle Morde drohten.

Bei 25 Grad minus reitet sie im Treck der Vertriebenen, schildert, wie viele zurückbleiben mussten, während sie durch ihr Pferd beweglich blieb.

Es musste bitter für sie sein, dass weder die Rolle des Widerstandes noch der Verlust von Heimat und Leben vieler in den Jahren nach dem Krieg gebührend in das Bewusstsein der Öffentlichkeit drang. Die Aufarbeitung der Schuldfrage verhinderte die Trauer, die oft nicht einmal im Privaten Raum hatte. Erst langsam wurde das Ausmaß der Verdrängung deutlich.

Die Leugnung der Briten und Amerikaner, dass überhaupt ein deutscher Widerstand von Bedeutung existiert hat, verlangsamte den Wiederaufbauprozess in Deutschland, denn zunächst war nichts da, worauf sich die Identität der Bevölkerung stützen konnte. Es ist das Verdienst von Gräfin Dönhoff, die Leistung des deutschen Widerstandes gegen Hitler in ihren Schriften herausgestellt zu haben. Im Postskriptum ihres Buches *Um der Ehre willen*, das 1994 erschien, kommt sie zu der Frage, was sie mit den Helden des 20. Juli verbunden hat: Herkunft, Alter, politische Gesinnung, und dieselbe Geisteshaltung, die sich dem Gemeinwohl verpflichtet fühlt. Über eine etwaige Rolle, die sie dabei gespielt hat, erfährt man in ihrem Buch nichts. Auch sie gerät damals in Gefahr. Ein Onkel, der sich wegen eines verlorenen Prozesses rächen will, schwärzt sie bei den Nationalsozialisten an, doch ihre Dienstboten zeugen für sie und ihr Name wird auf keine der Fahndungslisten gesetzt. Als ihr klar wird, dass ihre Befrager außerordentlich gut informiert sind, gibt sie ehrlich zu, die Verdächtigen gekannt zu haben, vor allem wird ihr bewusst, dass ihr jemand schaden wollte. »Lange Zeit«, schreibt sie, »wünschte ich, ich hätte auf irgendeiner Liste für »Hilfskräfte« gestanden: Nichts konnte schlimmer sein, als alle Freunde zu verlieren und allein übrig zu bleiben.«

»Glück ist eine Eigenschaft« zitiert Alice Schwarzer in ihrer Biografie über Gräfin Dönhoff und vergleicht sie darin mit der ebenfalls von ihr bewunderten Simone de Beauvoir, die sich selbst als »zum Glück begabt« bezeichnete.

Das Glück beider Frauen liegt in ihrer Eigenständigkeit, jedoch auch in ihrem leidenschaftlichen Einsatz für ihre Ziele.

Besonderen Anteil an der Lebensführung der Dönhoff haben laut Alice Schwarzer die glückliche Familiensituation und Herkunft der Gräfin. Sie macht deutlich, dass das geschwisterliche Zusammensein, welches auch Nichten, Neffen und Großneffen umfasste, der Gräfin den notwendigen familiären Rückhalt gegeben hat.

Auch wenn die frühe *Zeit*-Redaktion, in die Marion Gräfin Dönhoff kurz nach der Gründung 1946 – zuständig für Volkswirtschaft und Politik – aufgenommen wurde, für sie das Modell einer Quasi-Familie bildete, betonen doch alle früheren Kollegen die freundschaftliche Distanz, mit der Gräfin Dönhoff den anderen begegnete. Sie flößte Respekt ein. Dabei war es sicherlich das Wissen um ihre Herkunft, das über die ganze Welt weit verzweigte Verwandtschaftsnetz, das ihr den kosmopolitischen Rahmen für die Selbstsicherheit gab, mit der sie überall auftrat. Doch Herkunft allein reicht nicht. Gräfin Dönhoff schöpfte ihr Selbstverständnis vor allem aus ihrer persönlichen Geschichte. Was sollte einer Frau, die als Jugendliche 1924 knapp dem Tod entkam – sie konnte sich aus einem Auto, das in den Fluss Pregel gestürzt war, befreien, während zwei Freunde ertranken –, einer Frau, welche die Gefahren des Widerstands, eine traumatische Flucht aus dem Osten, den Verlust der Heimat überlebt hatte, denn noch drohen? An diesem Nullpunkt bildete für sie die Verantwortung, die sie für andere auf sich nahm, einen Halt: für das Gesinde und die Bauern auf den Gütern im Osten, für die Kinder und Kindeskinder der Geschwister, für die Mitarbeiter in der Redaktion und letzten Endes das Gemeinwohl des Volkes. Preußisch wird sie genannt, was ihr gefällt. Denn darunter versteht sie Verantwortungssinn, Vorrang des Geistigen gegenüber dem Materiellen, auch Arbeits- und Tatendrang. Wer ihr Leben verfolgt, wird sich hüten, über »preußische Tugenden« zu spotten, denn sie ist fest überzeugt, dass deren Stunde wiederkommt – zum Nutzen der Gesellschaft.

Natürlich wollte eine Feministin wie Alice Schwarzer vor allem ihre außergewöhnliche Rolle als Frau thematisieren. Gräfin Dönhoff eignet sich zwar als Emanzipationsmodell, nicht aber als Vorreiterin des Feminismus. Sie tritt Männern nicht als Frau entgegen, sondern als selbstverständlich gleichberechtigter Partner. Schon in der Schulzeit verhielt sie sich so, machte als einziges Mädchen in der Klasse Abitur, war die erste Journalistin von Einfluss, einzige Frau in hochkarätigen Männerrunden. Für Helmut Schmidt wäre sie eine geeignete Bundespräsidentin gewesen. Die erste weibliche Bundespräsidentin, die mit Sicherheit nichts Besonderes darin gefunden hätte, da sie sich Männern gegenüber nie benachteiligt gefühlt hat. Die zu Frauen, die sie mochte, »Mein Liebchen« sagte und zu Männern »Mein Alter«. Auch ihre einfache Lebensweise war nicht unbedingt frauenspezifisch im aufstrebenden Wirtschaftswunderland. Luxus leistete sie sich einzig mit ihrem Porsche und einer Wirtschafterin für die praktischen Belange des Lebens, ansonsten fuhr sie Bahn zweiter Klasse, wohnte in einem kleinen Häuschen und machte sich nicht viel aus Mode. Ihr Vermögen legte sie in einer Stiftung an, die unter anderem Übergangswohnungen für aus der Haft entlassene Männer finanziert, aber auch Stipendiaten aus dem Osten unterstützt.

Sie schildert sich selbst als diszipliniert, dies ist für sie eine Lebensform, die neben Gesundheit eine gute Voraussetzung fürs Altwerden ist: regelmäßiger Tagesverlauf, wenig fernsehen, wenig auswärtige Abendeinladungen. Mit wem sie zusammen sein möchte, bestimmt sie am liebsten selbst und lässt Gäste zu sich kommen. Früher dagegen war sie manchmal »die letzte an der Bar«, wie Haug von Kuenheim schildert. Für ihren Nachfolger Theo Sommer ist sie »die ewige Jungfrau«. Mit ihr flirtete man nicht, man diskutierte.

Als Alice Schwarzer ihr sagt, sie habe »quasi ein Männerleben gehabt«, kontert Gräfin Döhnhoff in einem Interview: »Ich finde, es gibt keine extra Frauenleben und extra Männerleben.« Ein guter Ausgangspunkt für verwirklichte Emanzipation.

In ihrem Buch *Vier Jahrzehnte politische Begegnungen* findet sich unter den berühmten Politikernamen wie Willy Brandt, Henry Kissinger und Nelson Mandela der einer einzigen Frau: Helen Suzman, Abgeordnete im südafrikanischen Parlament von 1953 bis 1989. Manchmal einzige Opposition im Parlament, wird Suzman von Dönhoff als eine Person geschildert, in der sie wohl vieles von sich selbst wiedergefunden hat. Eine Frau, die sich »als einzelne stets für das Ganze verantwortlich« fühlte. Und keine Angst hatte, sich zwischen alle schwarz-weißen Stühle der Apartheit zu setzen. Von den Weißen als Kommunistin beschimpft, von den Schwarzen kritisiert, weil sie gegen Sanktionen eintritt. »Kämpfen macht ja schließlich auch Spaß, und sich für Menschenrechte einzusetzen, lohnt sich doch«, sagt sie zu Marion Dönhoff. Und wenn eben niemand zu ihr hielt, wenn sie verfolgt und geschnitten wurde, dann saß sie mittags ganz allein in ihrem Büro beim Butterbrot. Das war auch auszuhalten.

Gräfin Dönhoff dagegen wurde immer hoch verehrt, trotzdem war sie bereit, ihrem Gewissen zuliebe alles aufs Spiel zu setzen. Wie 1954, als die *Zeit* unter dem Chefredakteur Richard Tüngel plötzlich rechtsgesinnt wurde und mit Carl Schmitt, einen ehemaligen Nationalsozialisten, diesen zu Wort kommen ließ. Da reichte die Gräfin ihren Abschied ein und ging für ein Jahr als freie Journalistin nach Amerika und schrieb unter anderem für die *Welt*. Bis der *Zeit*-Herausgeber Bucerius sie 1955 wieder nach Hamburg in die Redaktion holte, wieder »Verantwortlich für Politik«, wie im Impressum zu lesen stand. 1957 unterschreibt sie, die »Freie« endlich einen Vertrag und wird 1968 Chefredakteurin, 1973 selbst Herausgeberin der *Zeit*. Die sechziger Jahre und ihre Tätigkeit damals sind gut nachlesbar im Briefwechsel mit Bucerius, der 2003 erschien.

Geistig wach bis zuletzt war Marion Gräfin Dönhoff, die mit neunzig Jahren feststellte, dass sie nie über ihr Alter nachgedacht habe, sondern für die es selbstverständlich war, »... dass man immer so weiter macht«. In letzten Gesprächen und Reden wird deutlich, dass sie an die Eloquenz ihrer Befrager, ihres Nachfolgers Theo Sommer und ihres Biographen Haug von Kuenheim, nicht mehr heranreicht, dass aber ihre Gedanken klar sind wie eh und je.

Als Lebensgrundlage gibt sie ihre »Werte« an, ihre Religiosität, ohne jede Frömmelei, ihre Nichtachtung des Materiellen und ihr immerwährendes Interesse an Dingen, die aufs Ganze, aufs Gemeinwohl bezogen werden können.

Am 11. März 2002 starb sie auf Schloss Crottdorf bei ihren Verwandten.

Hamburg, Lebensort ihrer zweiten Lebenshälfte, war ein zufälliger Ort, an den die Arbeit sie geführt hatte. Eigentlich war sie auf der ganzen Welt zu Hause, wovon ihre vielen Reisebücher zeugen.

Gräfin Dönhoff vertritt schon seit den 40er, 50er Jahren ein Lebensmodell, das von verwirklichter Emanzipation zeugt: einer Unabhängigkeit im Geist.

Karen Horney (1885–1952)

Die Frau, die Sigmund Freud widersprach

Von einem Eheberater, einer Eheberaterin erwarten die meisten, dass er oder sie eine glückliche Ehe führt, von Priestern und Nonnen Keuschheit, von einer Mutter Liebe und vom Psychiater Normalität. Und sind enttäuscht, wenn sie entdecken, dass es Menschen mit Fehlern sind, wie sie selbst sie haben. Früher haben Psychoanalytiker wie Sigmund Freud oder Carl Gustav Jung großen Wert daraufgelegt, dass sie nach außen ein Bild von Seriosität und Bürgerlichkeit abgaben. Das gilt auch für viele ihrer Schüler und Schülerinnen. Erst später entdeckten Biographen, dass es gerade die problematischen Anlagen in ihnen waren, die sie zu Studien trieben, die sie in tiefere Schichten der menschlichen Persönlichkeit führten.

Karen Horney, eine der ersten großen Psychoanalytikerinnen, ist ein Beispiel dafür, wie jemand die eigene Persönlichkeit in die Arbeit einbringt. Und dafür viel Kritik ertragen musste.

Kosmopolitisch geprägt war ihr Leben von Anfang an. 1885 in Blankenese – das damals noch nicht zu Hamburg gehörte – als Tochter eines norwegischen Kapitäns und einer holländischen Mutter geboren, war sie wohl eine höchst problematische Natur, die allerdings erfolgreich Strategien entwickelte, mit ihren Schwierigkeiten fertig zu werden. Für die meisten ist sie die Frau, die Freud anzweifelte, vor allem seine Theorie vom Penisneid des kleinen Mädchens. Das hatte sie weder bei sich noch bei ihren drei Töchtern erlebt. Für sie waren das Knabenfantasien, welche die Angst vor der omnipotenten Mutter, der Überlegenheit des weiblichen, nämlich gebärfähigen, Geschlechts kompensieren sollten. Stolz brachte sie dagegen einen Gebärneid ins Spiel.

Als eine der ersten Frauen in Deutschland studierte sie 1906 Medizin in Freiburg. Noch als Studentin heiratete sie im Jahr 1909 Oskar Horney, damals noch ein Student der Wirtschaftswissenschaften, und bekam während ihres Studiums die erste Tochter 1911, die zweite 1913, und bald nach ihrer Promotion im Jahr 1915 die dritte Tochter, 1916 geboren. Ihre Mutter zog mit und wird wohl überwiegend den Haushalt und die Mädchen betreut haben.

1911 beendete Karen Horney ihr Medizinstudium in Göttingen und Berlin mit dem Staatsexamen, durfte seit 1913 praktizieren und vollendete ihre Dissertation bei Karl Bonhoeffer 1914. Ihr Interesse an der Psychoanalyse wurde durch die eigene Analyse bei Karl Abraham verstärkt geweckt, seit 1912 hatte sie bereits selbst Patienten und gehörte seit 1915 zur Berliner Analytischen Gesellschaft, war später Gründungsmitglied des Berliner Psychoanalytischen Instituts, in dem sie als Lehranalytikerin arbeitete und aktiv in der Deutschen Gesellschaft für Psychoanalyse bis 1930 dabei war.

Die feministischen Analytikerinnen der 70er und 80er Jahre des 20. Jahrhunderts bezogen sich bevorzugt auf sie, ohne allerdings ihre Theorie im Ganzen zu reflektieren. Karen Horney ging es, wie sie selbst schreibt, in erster Linie um Selbsterkenntnis. Wenn auch andere von ihren Einsichten profitieren konnten, war das gewünscht.

Neuere Biografien haben gezeigt, dass Horney nicht nur eine große Denkerin war, sondern eine Frau, deren verschiedene Persönlichkeitsanteile keinesfalls dem Bild einer souveränen Therapeutin entsprachen. Sie war abhängig in ihren Beziehungen zu Männern wie so manche Alkoholikerin von der Droge. Sie hatte hohe Erwartungen, war schnell enttäuscht und wechselte die Männer, einer jünger als der andere, wie eine Filmdiva. Einige Freunde haben sich darüber gewundert, dass eine Frau, die keinesfalls schön war, und die genau das als ein Manko empfand, dennoch so attraktiv wirkte. Sie muss eine starke erotische Anziehungskraft auf Kollegen wie Erich Fromm, den Theologen Paul Tillich, den Dichter Richard Huelsenbeck und viele andere gehabt haben. Ein Leben lang hat sie sich mit dem Selbstbild beschäftigt, das jemand von sich hat und das als idealisiertes dem wirklichen angepasst werden sollte. Ihr idealisiertes Ich verkörperte später die eigene Tochter, die 1911 geborene Schauspielerin Brigitte Horney, die so schön wie schon Karen Horneys eigene Mutter »Sonni« war. In den 30er und 40er Jahren war diese Tochter erfolgreich als deutscher Bühnen- und Filmstar und lebenslang ihrer Mutter ergeben. Die beiden anderen Töchter hatten es schwerer, die mittlere spricht in Erinnerungen sogar von Vernachlässigung.

Die Wichtigkeit der Mutter-Kind-Beziehung zu betonen, war zwar therapeutische Tradition – in der mangelnden Anerkennung durch die Mutter sah Horney alle ihre Schwierigkeiten gebündelt – konnte diese Sicht der eigenen Tochter jedoch nicht verhindern. Hierin zeigt sich, wie sehr die Erkenntnis eigener Probleme der Ärztin und Psychoanalytikerin in ihrer Berufsausübung nützt.

Nach 1930, mit dem aufkommenden Nationalsozialismus, wurde die Psychoanalyse in Deutschland angefeindet, deshalb verließ Horney Deutschland im Jahr 1932. Ihre Ehe war längst beendet, wenn sie auch auf dem Papier noch bis 1938 bestand. Oskar Horney hatte während der Inflation große wirtschaftliche und gesundheitliche Schwierigkeiten. 1926 trennten Karen und er sich, blieben aber Freunde. In den USA arbeitete Karen Horney in Chicago und New York, wo sie Lebensgefährtin von Erich Fromm war. Mit ihm und anderen Analytikern gründete sie ein eigenes Institut. Gelegentlich half Karen ihrem geschiedenen Mann finanziell, besonders nach dem Zweiten Weltkrieg. Er starb 1948, sie überlebte ihn noch vier Jahre. Inzwischen war sie in den Kreisen von Psychoanalytikern weltberühmt als die Frau, die versucht hatte, Freud zu entthronen.

Die Frankfurter Schule unter Theodor Adorno und Herbert Marcuse kritisierte ihr Übertrumpfen Freuds, den sie wohl falsch verstanden hätte.

Aber Frauen, die polarisieren, die ihre Meinungen auch gegen Autoritäten vertreten, gibt es zu wenige. Karen Horney war eine davon.

Margarete Susman (1872–1966)

Philosophin

Geboren 1872 als Tochter eines jüdischen Kaufmanns in Hamburg, gestorben 1966 in der Emigration in Zürich, wo sie bereits als junge Frau gelebt hatte und später nach ihrer Emigration aus Deutschland seit der Silvesternacht 1933 bis zuletzt lebte. Ein langes Leben.

Zwei Jahre vor ihrem Tod ist eine ihr gewidmete Festschrift erschienen, *Auf gespaltenem Pfad*, mit Beiträgen von berühmten Philosophen wie Martin Buber, Ernst Bloch, Hans-Georg Gadamer, mit Briefen, die unter anderen Georg Simmel, Georg Lukacs und Karl Wolfskehl an sie richteten.

1959 bekam sie den Ehrendoktor der philosophischen Fakultät der Freien Universität Berlin verliehen, was bewies, dass sie in Deutschland nicht vergessen war. Außer frühen Gedichtbänden – auf die Einladung Stefan Georges, in seinem Zirkel zu erscheinen, verzichtete sie, weil er ihr unheimlich war – hat sie vor allem Essays veröffentlicht, war zum Beispiel 1929 die erste Kafka-Rezensentin.

Sie ist die älteste der in diesem Buch versammelten Frauen, eine in den Fünfzigern und Sechzigern schon betagte Frau von über achtzig Jahren. Aber eine, die hochgeehrt wurde, einen bedeutenden Einfluss auf jüdische und christliche Zusammenhänge hatte, die als deutsche Jüdin Zeugin der Geschichte vor und nach beiden Weltkriegen wurde, immer gedanklich mit vielen wichtigen Zeitgenossen verbunden. Und die beispielhaft erkennen ließ, dass sie auch als alte Frau immer die Gegenwart verstehen wollte und konnte. Sie erkannte früh, dass zum Beispiel eine Ingeborg Bachmann eine große Begabung war und verteidigte sie gegen Kritik. Überhaupt war ihr Züricher Dachstübchen bis in die letzten Jahre ein Mittelpunkt für jüngere Intellektuelle, auch Paul Celan besuchte sie dort.

In einem Brief von 1963, drei Jahre vor ihrem Tod, schreibt er: »Was Sie, verehrte Margarete Susman, geschrieben haben oder noch schreiben, zählt für mich zu jenen einmaligen Begegnungen, aus denen man lebt.« Der Besuch des »großen Dichters der Todesfuge«, der sich nach der Verleihung des Büchner-Preises mit einem Buchpaket bei ihr ankündigte, wird in ihren Memoiren wie die vieler anderer Verehrer erwähnt. Durch ihn wird ihm das »Wesen der heutigen Generation« erschlossen.

Trotz der guten Kontakte, trotz ihrer verlegten Werke in Deutschland vor der Zeit des Nationalsozialismus, trotz Neuauflagen und neuen Publikationen in der Nachkriegszeit blieb sie vielen unbekannt. Auch wenn die wichtigsten Bücher in den letzten Jahren im Jüdischen Verlag bei Suhrkamp neu aufgelegt wurden, auch wenn 2022 eine neue Ausgabe in fünf Bänden bei Wallstein erschienen ist, hat das bisher nicht dazu geführt, dass ihr Werk eine Wirksamkeit für ein großes Publikum entfalten konnte. Margarete Susman ist als Lektüre nicht einfach, man muss viel wissen, wenn man sich ihr annähert, wird dann aber belohnt mit gewinnbringenden Einsichten, die vielleicht das spätere Leben prägen.

Bei Georg Simmel hat sie Vorlesungen zur Philosophie gehört aber eine eigenständige philosophische Theorie hat sie nie entwickelt, obwohl sie eher als Philosophin angesehen wurde, denn als Dichterin. Ihr Gasthörerstudium bei Simmel, dem die Bezeichnung als »Zentrum ohne Peripherie« zu verdanken ist, – In jedem Gespräch geht sie mitten hinein in die Problematik – die Korrespondenz mit Martin Buber und Ernst Bloch, um nur einige zu nennen, mit denen sie Kontakt pflegte, machen sie vor allem zu einer Fürsprecherin anderer Philosophen und Intellektuellen. Ich möchte sie eine rezeptive Philosophin nennen, denn ihre Werke wie *Frauen der Romantik, Deutung einer großen Liebe* sind literarische Essays, aber voller gedanklicher Erkenntnisse. Ihr Buch *Hiob* 1945, in dem sie schon früh zur Versöhnung zwischen Juden und Deutschen aufrief – für die meisten zu früh – sowie ihre vielen Aufsätze und Rezensionen enthalten zwar philosophische Reflexionen, aber in einem essayistischen Rahmen, nicht im großen Zusammenhang eines Werkes.

Mit Gedichten begann sie ihre Tätigkeit. 1902 erscheint in Berlin ihr erstes Buch, zusammen mit einem ebenfalls ersten Band von Else Lasker-Schüler, der sie mit Abstand gegenüberstand. Dann wechselte sie, nach einigen szenischen Versuchen, zur essayistischen Form und wurde deutschlandweit viel zu Vorträgen eingeladen.

Nach dem zweiten Weltkrieg wollte sie eigentlich nie wieder Deutschland betreten, wurde aber doch von Freunden dazu gedrängt. Außer der Ehrendoktorwürde erhielt sie vom Bundespräsidenten Theodor Heuss einen »Ehrendsold«. Für ihre schriftstellerischen Arbeiten wurde sie schlecht oder gar nicht honoriert. Außer in ihrer Jugend und in ihrer Ehe war sie überwiegend auf andere hilfreiche Personen angewiesen.

Besonders die Rolle der Frauen hat sie beschäftigt. Kein Wunder, denn sie war Ehefrau, Mutter und Geschiedene. Für sie brach eine Welt zusammen, als sie erfuhr, dass ihr Mann sie wegen einer anderen verlassen würde. Heimatlose Jahre folgten, wo sie bei Verwandten wohnte. Ohne es direkt anzusprechen, hat sie in ihren Werken vieles verarbeitet, was sie selbst beschäftigt hat: nicht nur die Rolle der schöpferisch tätigen Frau, sondern die der Liebe vor allem. *Deutung einer großen Liebe* heißt ihr Buch über Goethe und Frau von Stein, das 1951 erschien. Im zwiespältigen Verhältnis Goethes zu Charlotte von Stein verbündete sich Margarete mit der geliebten, aber auch verlassenen, dennoch bis ans Ende ihres Lebens in seiner Nähe lebenden und – das weist sie überzeugend nach – auch noch von ihm geliebten Frau. So setzt sie die Liebe über jedes Todesgrauen. Im Alter spürt sie noch einmal eine tiefe Verbundenheit mit einem Mann, mit Karl Wolfskehl, der aber auch mit einer anderen Frau zusammenlebt.

In einem sehr interessanten Aufsatz für ihr Buch »Gestalten und Kreise« verfolgt sie nicht nur Goethes Lieben, sondern auch sein Verhältnis zum Tod, das vor allem von Abwehr geprägt wurde. Den Tod ihm nahestehender Menschen wie den seines Sohnes, seiner Frau Christiane oder den der Frau vom Stein wollte er nicht zur Kenntnis nehmen. Dies interpretiert Margarete Susman als konsequente Erkenntnis der Fülle eigener Welt bis hin zur Unsterblichkeit.

In den *Frauen der Romantik*, ihrem erfolgreichsten Buch, sind unter anderem Porträts und Schicksale der Schriftstellerinnen Rachel von Varnhagen, Caroline Schlegel-Schelling, Dorothea Schlegel versammelt.

Immer ist ihr Denken dialogisch ausgerichtet, in ihren Büchern und auch ihrer umfangreichen Korrespondenz. Der Kommunikationspartner wird dabei nicht von ihr aus wahrgenommen, sondern vor allem von seinen eigenen inneren Voraussetzungen her. Es geht ihr auch nie darum, im Dialog zu einer Einigung zu kommen. Widersprüche dürfen bestehen bleiben. Diese Offenheit speist sich aus ihrem religiösen Verständnis von Gott. Ihr leidenschaftliches metaphysisches Denken ist oft schwer zu definieren, manchmal nur mit Zustimmung oder Ablehnung zu erfassen, was ihr natürlich Kritik einbrachte. Susmans von anderen Meinungen unabhängige Urteilskraft behauptet sich auch gegen Freunde, gegen die nächsten Geistesverwandten. Sie besteht auf Differenz.

Der Abstand zwischen Gott und Mensch bleibt ebenfalls in dieser Differenz, bleibt unfassbar. Ihre »Messianische Hoffnung« bewährt sich als ein paradoxes »Dennoch« zur Wirklichkeit. Für den Einzelnen bleibt nur das Beharren auf seiner individuellen Verantwortung, die so etwas wie Zivilcourage fordert.

In Hamburg wurde sie geboren, verbrachte dort jedoch nur die ersten acht Jahre. Ihr Vater war ein Kaufmann, der mit seiner Familie in einer Villa an der Alster lebte. Über Hannover landete ihre Familie in Zürich, ihrem späteren Zufluchtsort seit 1933.

Nach dem Ende des Zweiten Weltkrieges versuchte Margarete Susman das unfassliche Grauen der Judenvernichtung zu begreifen, dessen Ausmaß ihr erst dann deutlich wurde. Trotz Krankheit arbeitete sie an ihrem *Buch Hiob*. Inzwischen war sie über siebzig, viele ihrer engsten Freunde schon verstorben, sie selbst immer wieder entmutigt vor den Forderungen des Lebens. Unzählige Male fiel sie Treppen hinunter oder zu Boden und war sich bewusst, in diesem »Fallen« eine Todesbereitschaft zu erkennen: »Die ganze Schuld an allen Stürzen trug also mein Verhältnis zur Erde, auf der ich nie ganz beheimatet war«.

Unfälle und Krankenhausaufenthalte belasteten ihr Leben. Aber sie musste aushalten. Zur Zeit der *Hiob*-Niederschrift hatte sie noch zwanzig Jahre des Wirkens vor sich, Begegnungen mit vielen Menschen, darunter jungen Dichtern wie Paul Celan, den sie bewunderte, ebenso wie Ingeborg Bachmann, die sie zwar nicht persönlich kannte, aber deren Undinen-Gestalt sie sich tief verwandt fühlte. Im Unterschied zu vielen alten Menschen setzte sie sich bewusst der Auseinandersetzung mit dem Tod aus, nicht nur in ihrem *Hiob*-Buch

So hat auch sie ihren Erinnerungen den Titel gegeben: »Ich habe viele Leben gelebt«. Und sie erzählt darin von ihrer

Antwort in einem Gespräch mit ihrer Schwester, die einmal klagte, dass sie genug vom Leben habe:

»Ich möchte wieder und wieder leben, ich möchte noch tausendmal wiederkehren«.

Nicht weil es leicht ist, das Leben, sondern weil es eine Aufgabe ist. Ihr selbst war ein stilles und hochgeehrtes Alter vergönnt. Allerdings erschwerte eine fortschreitende Erblindung ihr die Arbeit an den Memoiren, und sie litt an der tiefen Schwermut, dem immer über ihren Leben hängenden »schwarzen Tuch«, von ihr selbst als ein »Gefühl der Schuld« empfunden, »Schuld in dem besonderen Sinn, dass das Leben nicht so gelebt und geleistet worden ist, wie es uns aufgegeben ist«. Wieder einmal beweist Margarete Susman mit diesen Worten, wie sehr sie die Theorie Sigmund Freuds verstanden hat, wie sehr sie selbst immer bemüht war, den Verdrängungen zu entgehen.

Bei ihrer Beisetzung, die der Sohn zunächst auf dem Internationalen Friedhof in Zürich plante, wird ihre starke, aber allumfassende Religiosität deutlich. Als die jüdische Gemeinde protestierte und sie auf ihrem eigenen Friedhof beerdigen wollte, gibt der Sohn nach. Aber an ihrem Grab stehen ein Rabbi, ein katholischer Priester und ein protestantischer Pfarrer. Symbol für Versöhnung, ihr ein großes Herzensanliegen.

Quellenangaben Literatur

Einige der Lebensgeschichten in diesem Buch wurden bereits in Anthologien oder Zeitschriften veröffentlicht, für dieses Buch jedoch überarbeitet.

Niki de Saint Phalle: Erstmals veröffentlicht in:
Charlotte Ueckert: *Niki de Saint Phalle.*: Philo Fine Arts 2007.

Doris Lessing: Ueckert, Vortragsmanuskript für die Hamburger Volkshochschule 2007.

Angelica Krogmann in: MATRIX 1/2016. Ludwigsburg: Pop-Verlag.

Dorothe Sölle in: Ueckert: *Hamburgerinnen.* Verlag Die Hanse 2008.

Simone de Beauvoir in: Chobot, Manfred (Hrsg.): *Genie und Arschloch. Licht- und Schattenseiten berühmter Persönlichkeiten.* Wien: Molden 2009.

Marion Gräfin Dönhoff in: Ueckert: *Hamburgerinnen.* Verlag Die Hanse 2008.

Über Margarete Susman gibt es mehrere Aufsätze von der Autorin dieses Buches, der hier erschienene wurde neu geschrieben.

Quellenangaben Fotos/Abb. Buchumschlag

Einbandgestaltung: Unter Verwendung folgender Fotos:

Bild 1: Maria Meneghini Callas, Sopranistin, verbringt einen kurzen Urlaub in ihrem Haus in Milano (1956)
© akg-images gmbh, Berlin
AKG3967307

Bild 2: Brigitte Bardot während Filmaufnahmen zu dem Film *A cœr joie*, (dt. *Zwei Wochen im September*), FR/GB (1967)
© akg-images gmbh, AKG30913237307, Berlin

Bild 3: Françoise Sagan, Schriftstellerin, Foto undat. (1954/55)
© akg-images gmbh, AKG30913237307, Berlin

© Porträtfoto Autorin: Charlotte Ueckert

Gafik Wellen: One-colour seamless pattern with waves
© Northern.Owl, Adobe Stock.com

Impressum

Bibliografische Information der Deutschen Nationalbibliothek. Die Deutsche Nationalbibliothek verzeichnet diese Publikation in der Deutschen Nationalbibliografie: detaillierte bibliografische Daten sind im Internet über www.dnb.dnb.de abrufbar.
Charlotte Ueckert, Frauenleben der 50er und 60er Jahre – Schicksale, Erfolge, Karrieren, Vorbilder
Berlin 2024

1. Auflage 2024

Der Verlag arbeitet weder für Fotos noch für Texte oder Textteile mit Künstlicher Intelligenz/AI
Gesetzt im Verlag aus der Bell MT 11/14,5
Druck und Verarbeitung: BookPress.eu
ISBN 978-3-945961-37-7
www.edition-karo.de

Von Charlotte Ueckert
ebenfalls in unserem Verlag erhältlich:

Christina von Schweden (1626-1689) war schon zu Lebzeiten berühmt und berüchtigt. Als heiratsunwillige Regentin entsagte sie dem Thron und konvertierte öffentlich und prunkvoll zum Katholizismus – ein Affront gegenüber ihrem Land.

Die Autorin Charlotte Ueckert zeichnet das Bild einer Königin, die höchst umstrittene Entscheidungen traf, aber auch enorme Anstrengungen unternahm den Dreißigjährigen Krieg zu beenden und sich vehement Kultur und Kunst widmete.

edition karo, Klappenbroschur 150x220 mm, 138 Seiten
978-3-945961-02-5, Euro 20,-